高等教育自学考试系列辅导丛书
丛书组编 四川英华教育文化传播有限公司
Sichuan Yinghua Education & Culture Communication Co.,Ltd
编写依据 《管理学原理》（白瑷峥主编 中国人民大学出版社 2014年版）

管理学原理模拟试题集

（经济管理类专业）

主编 梁勤
副主编 张静

高等教育自学考试《管理学原理》辅导资料

U0952818

课程代码
00054

西南财经大学出版社
Southwestern University of Finance & Economics Press
中国·成都

图书在版编目(CIP)数据

管理学原理模拟试题集/梁勤主编 .—成都：西南财经大学出版社，2019.8
ISBN 978-7-5504-4084-5

Ⅰ.①管… Ⅱ.①梁… Ⅲ.①管理学—高等教育—自学考试—习题集 Ⅳ.①C93-44

中国版本图书馆 CIP 数据核字(2019)第 171789 号

管理学原理模拟试题集

GUANLIXUE YUANLI MONI SHITIJI

主　编:梁勤
副主编:张静

责任编辑:冯雪
封面设计:张姗姗
责任印制:朱曼丽

出版发行	西南财经大学出版社(四川省成都市光华村街 55 号)
网　　址	http://www.bookcj.com
电子邮件	bookcj@foxmail.com
邮政编码	610074
电　　话	028-87353785
照　　排	四川胜翔数码印务设计有限公司
印　　刷	郫县犀浦印刷厂
成品尺寸	183mm×254mm
印　　张	10.75
字　　数	189 千字
版　　次	2019 年 8 月第 1 版
印　　次	2019 年 8 月第 1 次印刷
印　　数	1— 3500 册
书　　号	ISBN 978-7-5504-4084-5
定　　价	35.80 元

高等教育自学考试系列辅导丛书

编 委 会

丛书前言

依靠自己的力量，在有限的时间里学习一门新学科，从不懂到懂，从不会到会，从不理解到理解，从容易遗忘到记忆深刻，从不会应用到熟练应用，从模仿到创新，把书本知识内化为自己的知识，是一个艰难的过程。在这个过程中，自学者不仅需要认真钻研考试大纲，刻苦学习教材和辅导书，还应该做适量的练习，把学和练有机地结合起来，否则，就不能达到预定的学习目标。“纸上得来终觉浅，绝知此事要躬行。”这是每一位自学者都应遵循的信条。

编写模拟试题，同样是不容易的事。它对编写者提出了相当高的要求：

- 有较深的学术造诣；
- 有较丰富的教学经验；
- 对高等教育自学考试有深刻的理解并有一定的辅导自学者的经历；
- 对考试大纲、教材、辅导书有深入的了解，对文中的重点、难点、相互联系等有准确的理解；
- 对自学者的学习需要和已有的知识基础有一定的了解。

只有把这些因素融合在一起，编写者才能编写出高质量的，有利于举一反三、事半功倍的练习。

基于学习目标的考虑，我们把模拟试题大致分为四个部分：

第一，单项练习，针对一个知识点而设计的练习题。其目的是帮助自学者理解和记忆基本概念和理论。

第二，创造性练习，提供一些案例、事实、材料，使考生应用所学的理论、观点、方法创造性地解决问题。这类问题可能没有统一的答案，只有一些参考性的思路。其目的很明确，就是培养自学者的创新意识和能力。

第三，综合自测练习，在整个学科范围内设计练习题，尽量参考考试大纲的题型，组成类似考卷的练习题。其目的是使自学者及时检测全部学习状况，帮助自学者做好迎接统一考试的知识及心理准备。

第四，历届试题练习，旨在帮助自学者能按正规考试要求进行学习效果的测试。

子曰：“学而时习之，不亦说乎。”本书可以让学生边学边练，有规律地进行复习，这不仅可以提高学习效率，也能给艰难的学习过程带来一些快乐。圣人能够体会到这一点，我们每一位自学者同样能体会到。如果通过这样的学习过程，实现学习目标，实现人生的理想，实现对自我的不断超越，那么我们说这种学习其乐无穷也毫不夸张。

高等教育自学考试系列辅导丛书的编写和出版工作是一项艰巨而复杂的“培根铸魂”式的文化系统工程，需要付出很多的时间与精力。先进思想引领伟大事业，面对国家发展、民族复兴的迫切需求，面对时代改革、未来发展带来的巨大挑战，面对知识获取和传授方式的革命性变化，我们应立足现状，不骄不馁。展望未来，任重道远。我们满怀信心，肩负教育事业赋予文化企业的使命，砥砺前行，造就堪当民族复兴大任的“腹有诗书气自华”的时代新人，责无旁贷。我们坚信只要怀有对文化教育事业的诚挚热爱，心系考生，情牵教育，牢记使命，胜利与成功一定属于付出努力的人。

四川英华教育文化传播有限公司自考命题研究组

2019 年 7 月于成都

编写说明

《管理学原理模拟试题集》系全国高等教育自学考试经济管理各专业必修课程——管理学原理的配套参考用书。管理学原理是为培养自学考生掌握和运用管理学的基本理论分析、解决现实管理问题而设置的一门专业基础课，为各管理类的分支学科提供基本的理论和方法指导。

自该课程开考以来尚未出版一本以供考生练习使用的复习资料。而该课程内容多，难度大，且是一门应用性、理论性及知识性较强的学科。为此，考生在复习迎考时时常觉得无从下手。为了满足广大考生复习备考之需求，我们依据长期从事高等教育自学考试教学和管理的经验，精心编写了本书，以更好地帮助教师教学、考生备考。

在编写时，我们依据全国高等教育自学考试指导委员会发布的《管理学原理自学考试大纲》和中国人民大学出版社出版的《管理学原理》（主编 白瑷峥）以及历年考试试卷，并结合快速发展的管理科学理论，不断出台的新的法律、法规，不断涌现的科技成果，以模拟试题形式组织编写了本书。编写时，我们力求做到重点突出、内容全面，有针对性，又有较强的实际效果。题型包括单项选择题、多项选择题、判断说明题、简答题、论述题和案例分析题等常规考试题型，并配有较为完整的参考答案，以供考生练习使用。

模拟试题毕竟不是真正的试题，有其局限性，我们希望考生在认真研读教材、大纲的基础上去练习，不可本末倒置，置教材、大纲于不顾，而一味地做题、猜题、押题，相信考生能理解我们编写此书的良苦用心。“书山有路勤为径，学海无涯苦作舟。”辅导书固然好，但也只是助手，在通往成功的路上，更多的是需要自学者的勤奋和努力。

“梅花香自苦寒来”，考生在学习管理学原理课程的过程中，只有掌握恰当的学习方法，熟读所学内容，多做练习，才能学好这门课程，取得优异的成绩，实现梦想。

知识随时在更新，我们会根据新形势、新情况，应广大考生要求，编写出更多、更新、更适合自考、更符合自考规律的辅导书。

在编写本书时，我们吸收了国内同行的许多经验和优秀教学成果，并得到西南科技大学、四川旅游学院、四川大学、四川农业大学、成都信息工程大学以及四川科技职业学院、成都航空职业技术学院、四川交通职业技术学院、西南财经大学出版社等单位的大力支持，在此一并表示感谢。

由于编写时间仓促和经验不足，本书错误与疏漏在所难免，希望考生和助学教师在使用过程中提出批评和意见，我们将会在再版时进行更新与弥补。

四川英华教育文化传播有限公司自考命题研究组

2019 年 7 月于成都

目 录

第一编 综合模拟试卷

第二编　近年自考试题汇编

第一编
综合模拟试卷

全国高等教育自学考试
管理学原理模拟试卷（一）

（课程代码　00054）

第Ⅰ部分　选择题（25 分）

一、单项选择题（本大题共 15 小题，每小题 1 分，共 15 分。在每小题列出的四个备选项中只有一个是符合题目要求的，请将其代码填写在题后的括号内。错选、多选或未选均无分。）

1. 期望理论的创立者是（　　）。

A. 弗鲁姆　　B. 德鲁克

C. 彼得·圣吉　　D. 戴明

2. 按照等级原则和指挥链，由上级对下级逐级发布命令和进行指挥的权力是指（　　）。

A. 直线职权　　B. 参谋职权

C. 职能职权　　D. 专长职权

3. 5W1H 中的 H 是指（　　）。

A. 在哪里工作　　B. 为谁负责

C. 怎样完成工作　　D. 为什么做这项工作

4. 下列行为中，不属于企业承担社会责任表现的是（　　）。

A. 治理环境污染　　B. 救济贫困

C. 为顾客提供售后服务　　D. 开发新产品

5. 不仅仅包括那些引起革命性变化的发明，还包括与企业生产有关的新技术、新工艺、新材料的出现和发展趋势以及应用前景的是（　　）。

A. 经济因素　　B. 社会因素

C. 技术因素　　D. 政治因素

6. 下列属于程序化决策的是（　　）。

A. 某公司制定新产品价格

B. 某项目部确定项目融资计划

C. 理发店处理工资发放问题

D. 某销售部门制定销售计划

7. 德尔菲法中发表意见的方式是（　　）。

A. 电子会议　　B. 匿名发表

C. 公开讨论　　D. 分组讨论

8. 从组织的最高主管到组织的基层管理者，都要按照组织总目标的要求，计划自己的活动及要达到的目标，这体现了计划的（　　）。

A. 开放性　　B. 效率性

C. 创造性　　D. 普遍性

9. 在其他因素不变的情况下，仅仅改变某些因素，就可以影响组织目标的实现程度，这些因素是指（　　）。

A. 相关因素　　B. 限定因素

C. 计划因素　　D. 预算因素

10. 某企业集团决定裁掉盈利水平在平均线以下的业务类型，将财力集中于主营业务的战略调整属于（　　）。

A. 后向一体化战略　　B. 集中战略

C. 多元化战略　　D. 前向一体化战略

11. 医院某科室的护士长属于（　　）。

A. 基层管理者　　B. 中层管理者

C. 高层管理者　　D. 临时管理者

12. 某商品批发公司在组织内划分为生产部、财务会计部、市场销售部、人力资源管理部、采购部等部门，依据的标准是（　　）。

A. 区域　　B. 职能

C. 产品　　D. 流程

13. “胡萝卜加大棒”的管理方法运用的假设是（　　）。

A. 社会人假设　　B. 经济人假设
C. 复杂人假设　　D. 自我实现人假设

14. 根据赫茨伯格的双因素理论，工作成就、提升、奖金、责任感等因素属于（　　）。

A. 保健因素　　B. 激励因素
C. 社交因素　　D. 安全因素

15. 管理的核心是以人为本，这是因为（　　）。

A. 人是最重要的资源　　B. 管理工作的有效性追求效率和效果
C. 管理层次太多　　D. 管理层次太少

二、多项选择题（本大题共 5 小题，每小题 2 分，共 10 分。在每小题列出的五个备选项中至少有两个是符合题目要求的，请将其代码填写在题后的括号内。错选、多选、少选或未选均无分。）

16. 研究有关领导问题的理论有（　　）。

A. 领导特质理论　　B. 强化理论
C. 领导方式理论　　D. 领导权变理论
E. 需求层次理论

17. 事业部制的优点包括（　　）。

A. 公司总部领导可以从烦琐的日常事务中解脱出来，着力策划公司长期发展战略
B. 每个事业部具有独立的利益，是一个分权单位，有利于调动其积极性
C. 有利于培养综合型高级管理人才
D. 专业化管理和集中统一领导的有机结合
E. 适用于不稳定、不确定的环境

18. 组织设计应遵循的原则有（　　）。

A. 目标统一　　B. 专业化分工
C. 统一指挥　　D. 责权对等
E. 有效管理幅度

19. 甄选的过程应包括（　　）。

A. 面试　　B. 体检
C. 笔试　　D. 初选

E. 测试

20. 分权可能带来的局限性包括（　　）。

A. 使得实行一项统一的政策更加困难

B. 可能导致上层管理人员的权力部分失控

C. 增加了分权组织单位之间协调的复杂性

D. 容易导致各部门的本位主义倾向

E. 限制了下属人员积极性

第Ⅱ部分　非选择题（75 分）

三、判断说明题（本大题共 5 小题，每小题 3 分，共 15 分。判断正确与否，正确的在括号内打√，不需说明理由，错误的在括号内打×，并说明理由。）

21. 定性决策被称为决策的“硬”技术。（　　）

22. 管理的实质是领导。（　　）

23. 人员配备的主要任务是通过分析人与事的特点，谋求人与事的最佳组合，将合适的人放在合适的岗位上，实现人与事的不断发展。（　　）

24. 知人善任、选才用人是领导者的基本职能，也是实现决策目标的根本保证。（　　）

25. 沟通是组织得以生存、运行和发展的必要条件。（　　）

四、简答题（本大题共 4 小题，每小题 5 分，共 20 分。）

26. 简述全通道式沟通的特点。

27. 在对正式沟通的五种形态进行比较时，常用的评价标准有哪些？

28. 简述授权的要求。

29. 简述预算的分类。

五、论述题（本题 10 分）

30. 试述委员会制的优点、缺点。

六、案例分析题（本大题共 2 小题，每小题 15 分，共 30 分。）

31. 美国空军采用的考评制度是美国许多公共事务机构绩效评价的典型代表。这套考评制度要求，每位官衔在将军以下的军官的直接上级，每年为各位军官做一次书面报告。评估报告的格式设计是统一的，适用于不同的军种和级别。表格留出的空白处较小，评估人员只能用精练的语言总结各个军官的业绩。20 世纪 70 年代中期，这套评估制度受到了广泛的批评，因为它对员工的工作指派缺乏专业化的定义，导致了评估的主观性和不合理性，如对参谋人员领导才能的评估，这种方法的作用就不大。

因上述问题导致了评估制度的修改。在每个单位内部，对业绩高低的评价比例进行了硬性规定，而且对评估程序也做了修改，每位军官要接受其主要上司及一位附加评估人和一位审核人的共同评估。

问题：

（1）运用管理行政方法分析本案例的考评制度存在的问题。

（2）请替他们提出较好的评估方法。

32. 资料：

美国老板：完成这份报告要花费多少时间？

希腊员工：我不知道完成这份报告需要多少时间。

美国老板：你是最有资格提出时间期限的人。

希腊员工：十天吧。

美国老板：你同意在 15 天内完成这份报告吗？

希腊员工：没有作声。（以为是命令）

15 天过后

美国老板：你的报告呢？

希腊员工：明天完成。（实际上需要 30 天才能完成。）

美国老板：你可是同意今天完成报告的。

第二天，希腊员工递交了辞职书。

问题：请从沟通的角度分析美国老板和希腊员工对话，说明希腊员工辞职的原因并提出建议。

全国高等教育自学考试
管理学原理模拟试卷（一）
参考答案

（课程代码　00054）

一、单项选择题

1. A　2. A　3. C　4. D　5. C　6. C　7. B　8. D
9. B　10. B　11. A　12. B　13. B　14. B　15. A

二、多项选择题

16. ACD　17. ABCD　18. ABCDE　19. ABCDE　20. ABCD

三、判断说明题

21. × 定性决策被称为决策的软技术。
22. × 管理的实质是协调。
23. √
24. √
25. √

四、简答题

26. 答：全通道式沟通是一个全方位开放式的网络系统，沟通渠道多，高度分散，组织内的每一个成员都能同其他任何人进行直接交流，没有限制。所有成员是平等的，人们能够比较自由地发表意见。

（1）优点：由于沟通通道多，组织成员的平均满意程度高且差异小，所以士气高昂，合作气氛浓厚；比环式沟通的沟通渠道开阔，弥补了环式难于迅速集中各方面信息的缺陷。

（2）缺点：沟通渠道太多，易于造成混乱；沟通路线的数目会限制信息的接收和传出的能力；信息传递费时，影响工作效率；不适用较大的组织。

27. 答：(1) 集中性。(2) 速度。(3) 正确性。

(4) 领导能力。(5) 全体成员满足程度。

(上述五点需适当展开，观点接近可酌情给分)

28. 答：(1) 明确职责。(2) 根据预期成果授权。(3) 授权对象适合。(4) 有顺畅的沟通渠道。(5) 有适当的控制。

29. 答：(1) 按照预算内容的不同，可分为运营预算、投资预算和财务预算三大类。

(2) 从财务角度，预算可分为收入预算、支出预算和现金预算。

(3) 根据预算编制的基础，预算可分为零基预算和增量预算。

五、论述题

30. 答：委员会制的优点有：

(1) 可以充分发挥集体的智慧，提供更多、更完整的信息，避免个别人的判断失误。

(2) 少数服从多数，防止个人滥用权力。

(3) 委员会成员地位平等，有利于沟通和协调。

(4) 有更多参与的机会，可激发组织成员的积极性和主动性。

委员会制的缺点有：

(1) 耗费时间，做出决定往往需要较长的时间，有时议而不决。

(2) 受某人或少数人主导。

(3) 从众现象或折中调和。

(4) 责任模糊，集体负责时导致大家都不负责。

六、案例分析题

31. 答：(1) 行政方法的实质是通过行政组织中的职务和职位进行管理。它特别强调职责、职权、职位，而并非个人的能力或特权。美国空军的考评制度强调直接上级的考评，群众未直接参与考评，使考评成果受到一定的影响，且评估主观性的存在，降低了评估质量。因而这套评估制度在20世纪70年代中期受到广泛的批评。

(2) 我认为，员工业绩的评估，应注意：

①群众参与的方法，即被评者业绩增加透明度。

②自我评估方法，使评估结果减少较大的差异。

③定量化评估与定性化评估相结合，进而确定被评者的绩效。

④要看今天的成绩，还要看昨天的绩效，综合分析研究。

32. 答：（1）在人与人的沟通过程中，有一定的特殊性，即由于人们的政治观点、经济地位、年龄、经历、宗教、习惯等的不同，在沟通过程中，对同样的事情或谈话会有不同的解释和归因。

（2）在案例的对话中，美国老板问希腊人完成报告的时间，实际上是在征求希腊员工的意见（这与美国管理的传统习惯有关），而希腊员工并非不知道完成报告所需要的时间，只是想让美国老板下命令（希腊员工习惯于命令式的管理）。15天过后，美国老板要报告（要信守承诺），而希腊员工已经尽力把30天的工作用16天完成了（并且认为延迟些时间没有问题）。希腊员工认为美国老板故意找麻烦，因此不得已而辞职。

（3）要认识和掌握沟通过程中的个体差异及其影响，从而保证沟通的有效性。如我们通常所说的移情作用、设身处地等就是有效沟通的手段。

全国高等教育自学考试
管理学原理模拟试卷（二）

（课程代码　00054）

第Ⅰ部分　选择题（25 分）

一、单项选择题（本大题共 15 小题，每小题 1 分，共 15 分。在每小题列出的四个备选项中只有一个是符合题目要求的，请将其代码填写在题后的括号内。错选、多选或未选均无分。）

1. 规定了一个具体问题应该按照怎样的时间顺序来进行处理的计划类型是（　　）。

A. 规则　　B. 预算
C. 程序　　D. 政策

2. 为了保证组织按预定要求运作而进行一系列监督检查工作，这体现的管理职能是（　　）。

A. 计划　　B. 组织
C. 控制　　D. 领导

3. 让组织的主管人员和员工亲自参加目标的制定，在工作中实行“自我控制”并努力完成工作目标的一种管理制度或方法是（　　）。

A. 组织管理　　B. 目标管理
C. 协调管理　　D. 分工管理

4. 把管理定义为“管理就是设计和保持一种良好环境，使人在群体里高效率地完成既定目标的过程”的学者是（　　）。

A. 亨利·法约尔　　B. 哈罗德·孔茨

C. 斯蒂芬·P. 罗宾斯　　D. 泰勒

5. 美国心理学家马斯洛首创的激励理论是（　　）。

A. 需要层次理论　　B. 归因理论

C. 期望理论　　D. 双因素理论

6. 凯旋玩具公司通过市场调查和分析，发现某种儿童玩具具有广阔的发展前景，而公司又有能力研发和生产该产品，决定进军该市场。这体现了计划工作程序中的（　　）。

A. 评估机会　　B. 确定目标

C. 选择方案　　D. 确定前提条件

7. 主要参照专家意见的决策方法是（　　）。

A. 德尔菲法　　B. 决策树法

C. 线性规划法　　D. 边际分析法

8. 对主管人员来说，计划工作中最重要的原理是（　　）。

A. 改变航道原理　　B. 限定因素原理

C. 灵活性原理　　D. 许诺原理

9. 企业管理者可以分成基层、中层、高层三种，高层管理者主要负责制定（　　）。

A. 日常程序性决策　　B. 长远总体性决策

C. 局部程序性决策　　D. 短期操作性决策

10. 全体成员满足程度最高的沟通形式是（　　）。

A. 链式　　B. 环式

C. Y 式　　D. 全通道式

11. 一名主管人员有效地监督、管理其直接下属的人数是有限的，当超过这个限度时，管理的效率就会随之下降，这体现的原理是（　　）。

A. 管理幅度原理　　B. 管理效率原理

C. 期望原理　　D. 分工原理

12. 在组织规模一定的条件下，管理层次与管理幅度的关系为（　　）。

A. 正比　　B. 反比

C. 不确定　　D. 没有关系

13. 按照等级原则和指挥链，由上级对下级逐级发布命令和进行指挥的权力是指（　　）。

A. 直线职权　　B. 职能职权

C. 参谋职权　　D. 计划职权

14. 内部提升员工进入更高管理层次的优点是（　　）。

A. 对公司忠诚员工的激励作用更显著

B. 有利于培养新的观念

C. 供岗位选择的机会更多

D. 有利于提高员工的外部竞争意识

15. 用财务报表分析进行的控制属于（　　）。

A. 前馈控制　　B. 直接控制

C. 现场控制　　D. 反馈控制

二、多项选择题（本大题共5小题，每小题2分，共10分。在每小题列出的五个备选项中至少有两个是符合题目要求的，请将其代码填写在题后的括号内。错选、多选、少选或未选均无分。）

16. 计划工作主要包括的内容有（　　）。

A. 研究组织活动的内外条件

B. 制定组织目标

C. 制定战略及战术决策

D. 编制行动计划

E. 设计组织

17. 下列各项中，属于领导的个人权力的是（　　）。

A. 法定权　　B. 个人影响力

C. 奖赏权　　D. 专长权

E. 抗辩权

18. 组织的一般环境因素包括（　　）。

A. 政治环境　　B. 社会环境

C. 经济环境　　D. 技术环境

E. 社区环境

19. 根据双因素理论，以下属于激励因素的有（　　）。

A. 工作上的成就　　B. 工作条件

C. 个人发展机会　　D. 责任感

E. 地位

20. 甄选的方法主要包括（　　）。

A. 申请表分析　　B. 资格审查

C. 测试　　D. 面试

E. 情景模拟

第Ⅱ部分　非选择题（75 分）

三、判断说明题（本大题共 5 小题，每小题 3 分，共 15 分。判断正确与否，正确的在括号内打√，不需说明理由，错误的在括号内打×，并说明理由。）

21. 计划的内容可以概括为“5H1W”。（　　）

22. 管理是科学性与艺术性的有机统一。（　　）

23. 有效领导的客观需要是领导者要学会授权使自己从过多的事务困扰中解脱出来而集中于重大事务中。（　　）

24. 信息沟通过程中的障碍仅包括发送者方面的障碍、信息传递过程中的障碍和接收者方面的障碍。（　　）

25. 沟通包括四个基本的要素：信源、信息内容、信宿和信道。（　　）

四、简答题（本大题共 4 小题，每小题 5 分，共 20 分。）

26. 简述古典管理理论的主要特点。

27. 简述管理的特征。

28. 简述沟通的原则。

29. 简述计划工作的限定因素原理。

五、论述题（本题10分）

30. 对组织中人的不同假设，将直接影响到管理者的管理行为，试分析管理中的四种人性观点。

六、案例分析题（本大题共2小题，每小题15分，共30分。）

31. 杨阳是佳乐配餐食品公司的地区经理，主管下辖的20家供应站，各供应站按客户要求烹制所订购的各种盒装中、西快餐。每站有一名主管主任，主要负责本站的营销计划、编制预算、质量监控和处理客户的信息反馈。随着公司规模的扩大，业务量快速增加，杨阳与各供应站主管主任之间的工作也越来越繁重，他们不仅要进行各项业务上的交流、指导，而且各主管主任在工作中遇到的其他各种问题也不断地向杨阳反映，致使她感到工作量太大，经常被一些琐碎事务缠身而无暇顾及其他更为重要的事项。为此，总公司决定增设一位地区副经理做杨阳的助手，除协助她解决日常事务外，更主要的是要协助她拓展该地区的业务。这位地区副经理将从10家供应站的主管主任中进行选拔。

杨阳手下的10位主管主任中，李剑是资历最老的，他虽然只有大专学历，但他是从厨房代班长干起的，熟悉餐饮业生产的工作流程，积累了丰富的实际操作和管理经验，当上站主任后有时还亲自操刀做示范；李剑性格豪爽，和本站各位员工的关系都非常融洽；他还经常走访客户，培养了很多的忠实客户，且近两年没有一个客户流失。但不良的饮食习惯使得刚过四十岁的李剑显得体态过于肥胖，并伴有高血压和胆结石，去年曾休过一个月的病假。

李剑听说要从现有的站主任中提拔地区副经理之事后，觉得与其他主任相比，自己的实践经验丰富，而且自己的供应站效益显著，认为地区副经理一职非他莫属，这将成为他实现更大抱负过程中的一个台阶。

问题：

（1）什么是职位设计？总公司为什么要增设地区副经理一职？

（2）请从管理人员招聘的条件上分析李剑是否会被提升为地区副经理？管理人员招聘的标准有哪些？

32. 王力是一个服装连锁商店的地区部经理，他告诉商店经理们，每天晚上关门之前，手边所有的现金必须就近存入银行的保险库。他反复强调了这一点，说道：“公司不想仅仅因为你们把现金平安无事地在店里过夜而冒一次夜盗之险。”大部分经理认为这个指令合情合理，也不难照办。但有的商店位于郊区，晚上去银行并不安全，或者有的商店离银行太远，他们的经理不总是照王力的指示去办。

不出所料，一家郊区商店被夜盗，5 000 多元的现金不见了。王力当面对那个经理说：“你被解雇了！你知道这个规定，每天晚上要把现金存入银行保险库，你是故意违反的。”

那个商店经理反驳道：“这个规定对我来说太过分了，你应该知道。我们这个地段晚上人们去银行存款时已经发生过好几次半路打劫，我想告诉你，可你根本听不进去。再说，我知道商店已为这次损失保了险，无论怎么说，你不能为此解雇我。这一规定又不是书面条文，不得已的话，我会把这件事递交公司总裁。”

问题：

（1）如果你是公司总裁，你会怎么做？

（2）如何评价这位地区部经理的指挥能力？

（3）王力相信 X 理论还是 Y 理论？

全国高等教育自学考试
管理学原理模拟试卷（二）
参考答案

（课程代码　00054）

一、单项选择题

1. C　2. C　3. B　4. B　5. A　6. A　7. A　8. C
9. B　10. D　11. A　12. B　13. A　14. A　15. D

二、多项选择题

16. ABCD　17. BD　18. ABCD　19. ACD　20. ABCDE

三、判断说明题

21. ×　计划的内容可以概括为5W1H。
22. √
23. √
24. ×　信息沟通过程中的障碍还包括反馈过程中的障碍 。
25. √

四、简答题

26. 答：(1) 以提高生产率为主要目标。
(2) 以科学求实的态度进行调查研究。
(3) 强调以个人为研究对象，重视个人积极性的发挥。
(4) 强调规章制度的作用。
27. 答：(1) 管理活动不同于作业活动。
(2) 管理工作既具有科学性又具有艺术性。
(3) 管理的核心是以人为本。
28. 答：(1) 尊重原则。受尊重是人的高层次的需要。

（2）相容原则。遵循此原则会使沟通更加顺畅并赢得对方的配合与尊重。

（3）理解原则。理解是人际沟通的基本途径和润滑剂。

（以上各点需适当展开）

29. 答：限定因素是指妨碍目标得以实现的因素。在其他因素不变的情况下，抓住这些因素就能实现预期目标。限定因素原理又被形象地称为“木桶原理”。其含义是：木桶能盛多少水，不取决于桶壁最长的木板，而取决于最短的那根木板。限定因素原理表明，主管人员在制定计划时，必须找出影响计划目标实现的主要限定因素或战略因素，有针对性地采取得力措施。

五、论述题

30. 答：（1）经济人假设认为：人是由经济诱因引发工作动机的，是以一种合乎理性的精打细算的方式行事；人总是被动地在组织的操纵、激励和控制下从事工作；人总是企图用最小的投入取得满意的报酬；大多数的人缺乏理性，不能克制自己，很容易受别人影响，组织必须设法控制个人的感情。

（2）社会人假设认为：人是社会的，影响人生产积极性的因素，除物质因素外，还有社会、心理因素；生产率主要取决于员工的士气，而员工的士气受企业内部人际关系及员工的家庭和社会生活影响。所以，要调动员工的工作积极性，必须使员工的社会和心理需求得到满足。

（3）自我实现人假设认为：人一般是勤奋的，人能够自我激励与自我管理，人们要求提高和发展自己，期望获取个人成功。所以，认为管理者应把管理的重点从重视人的因素，转移至创造良好工作环境，把人作为宝贵资源，提供挑战性工作，使得员工能力得到最充分的发挥。

（4）复杂人假设认为：人是很复杂的，不能把人归为一类。人的需要也是多样的，会随着发展条件而变化，同一管理方式对不同的人会有不同的反应，所以，没有特定的管理方式对任何组织都适用。管理方法和技巧必须随时、随地、随人、随境不断变化，强调管理者必备的最重要的能力体现在鉴别情景、分析差异、诊断问题的洞察力上。

六、案例分析题

31. 答：（1）职位设计就是将若干工作任务组合起来构成一项完整的职位。总公司增设地区副经理一职是出于公司规模扩大、业务扩展的需要。

（2）一般而言，管理人员招聘的标准有：

①与组织文化相适应。　　②德才兼备。　　③决策的能力。

④沟通与合作的技能。　　⑤创新的精神。

（回答李剑会被提升或不会被提升均可，需结合选聘的条件加以分析。言之成理，即可给分。）

32. 答：（1）公司总裁很可能不支持王力，不同意解雇那位商店经理。当然，不管王力的这个规定是否是书面的，那位商店经理的过错都是严重的。但是，地区部经理对有些事要减轻处罚应有所估计，并且尽力防患于未然。

（2）公司总裁也许不难找到王力在指挥中的毛病。

①任何规定重要到足以解雇一个人，就必须下达书面通知。

②王力应该一清二楚地告诉商店经理们违反规定的后果会如何。在这件事中，工作保障对这位商店经理的个人需要来说，显然是重要的，那么可能遭到解雇就是一种强烈的动机因素。

③如果地区部经理警觉到有在街上遭劫的危险，他应该有领导能力为商店经理避免此类事的发生找到有效的办法，比如要求保安在路上护送商店经理去银行的保险库。

④通过良好的沟通、出色的鼓动、妥善的领导，完全有可能预防那家商店的夜盗。对其他一些难以执行这条规定的商店来说，也是一样的。

（3）王力认可 X 理论的信条。如果他用 Y 理论的方法，就会把如何处置现金过夜作为一个尚待解决的问题，求助于商店经理们。他不必威逼相加，相反的，他会坦诚相告，鼓励他们广开思路去采纳这个合情合理的要求，防止商店的现金被盗。

全国高等教育自学考试
管理学原理模拟试卷（三）

（课程代码　00054）

第Ⅰ部分　选择题（25分）

一、单项选择题（本大题共15小题，每小题1分，共15分。在每小题列出的四个备选项中只有一个是符合题目要求的，请将其代码填写在题后的括号内。错选、多选或未选均无分。）

1. 下列关于管理的论述，错误的是（　　）。

A. 管理是由一系列活动构成的　　B. 管理是一项有目的的活动

C. 管理的实质是协调　　D. 管理是组织的载体

2. 首先会影响信息发送者发送信息所选用的语言、表达方式、沟通形式的因素是（　　）。

A. 环境因素　　B. 语言因素

C. 心理因素　　D. 生理因素

3. 集权就意味着权力都集中于组织的（　　）。

A. 高层　　B. 中层

C. 基层　　D. 工会

4. 运营预算中最基本和最关键的是（　　）。

A. 销售预算　　B. 生产预算

C. 直接材料采购预算　　D. 推销及管理费用预算

5. 伊士曼-柯达公司生产工厂的管理层次一度达到了13层，这阻隔了负责生产的总经理和工人的联系。现在，在信息系统的帮助下，管理层次减少为 4 层。这反映了管理信息系统与技术的作用为（　　）。

A. 促进管理方式的变革　　B. 导致组织结构扁平化

C. 触发业务流程再造　　D. 建立和保持组织竞争优势

6. 内部提升的优点是（　　）。

A. 给组织带来新的观念　　B. 可增强组织成员的忠诚度

C. 有较广泛的选聘来源　　D. 可避免组织成员间的不团结

7. 李瑜是参加工作不久的新员工，他积极肯干，经常超额完成任务，多次得到领导的奖励，他的干劲也越来越大。李瑜的领导采用的强化方式是（　　）。

A. 正强化　　B. 惩罚

C. 负强化　　D. 自然消退

8. 下列选项中，属于矩阵制结构缺点的是（　　）。

A. 横向联系良好　　B. 受双重领导，违背统一指挥原则

C. 克服“近亲繁殖”　　D. 具有较大的机动性

9. 英华公司采用意见箱、合理化建议、态度调查等方式征询全体员工的意见，该沟通方式属于（　　）。

A. 平行沟通　　B. 外向沟通

C. 上行沟通　　D. 下行沟通

10. 下列对授权的论述中，正确的是（　　）。

A. 授权是实行集权的主要手段

B. 被授权者不需要向上级管理者汇报

C. 上级管理者在授权后具有解除授权的权力

D. 上级管理者在授权后不再具有解除授权的权力

11. 德尔菲法中意见的形成一般要经过几轮的反复？（　　）

A. 3 至 4　　B. 4 至 5

C. 5 至 6　　D. 6 至 7

12. 根据组织环境的层次性，最复杂的组织环境形式是（　　）。

A. 复杂但静态的环境　　B. 复杂而动态的环境

C. 单一而静态不可量化的环境　　D. 单一而动态可量化的环境

13. 甘特图的纵轴表示（　　）。

A. 时间　　B. 活动

C. 项目　　D. 完成情况

14. 组织定期测量、评估和检验个人或群体小组的工作及业绩的一种正式制度是指（　　）。

A. 绩效考核　　B. 招聘

C. 培训　　D. 奖励

15. 某公司随着经营范围的扩大，其由总经理直辖的营销队伍人员也从 30 人增加到 100 人，最近，公司发现营销队伍似乎有点松散，对公司的一些做法也有异议，但又找不到确切的原因。从管理的角度看，你认为出现这种情况的最大可能性在于（　　）。

A. 营销人员太多，产生了鱼龙混杂的情况

B. 总经理投入的管理时间不够，致使营销人员产生了其他想法

C. 总经理的管理幅度太宽，以致无法对营销队伍进行有效的管理

D. 营销队伍的管理层次太多，使得总经理无法与营销人员进行有效的沟通

二、多项选择题（本大题共 5 小题，每小题 2 分，共 10 分。在每小题列出的五个备选项中至少有两个是符合题目要求的，请将其代码填写在题后的括号内。错选、多选、少选或未选均无分。）

16. 影响决策的因素包括（　　）。

A. 环境因素　　B. 组织文化

C. 时间因素　　D. 过去的决策

E. 决策者的风险态度

17. 下列与管理学相关的学科包括（　　）。

A. 经济学　　B. 心理学

C. 数学　　D. 计算机科学

E. 社会学

18. 甘特图的特点包括（　　）。

A. 简单　　B. 醒目

C. 便于编制　　D. 复杂

E. 动态

19. 人员培训的方式包括（　　）。

A. 岗前培训　　B. 在职培训

C. 脱产培训　　D. 自我培训

E. 能力培训

20. 激励的过程包括（　　）。

A. 有目的的行为　　B. 未满足的需要

C. 反馈　　D. 需求满足

E. 积极性提高

第Ⅱ部分　非选择题（75 分）

三、判断说明题（本大题共 5 小题，每小题 3 分，共 15 分。判断正确与否，正确的在括号内打√，不需说明理由，错误的在括号内打×，并说明理由。）

21. 按计划的期限分类，中期计划是指期限在一年以内，以年度计划为主要形式的计划。（　　）

22. 霍桑实验的结论之一是企业中存在“非正式组织”。（　　）

23. 组织文化变革的核心是要确立新的价值观来取代旧的、落伍的价值观。（　　）

24. 管理者进行控制时要建立标准，标准应该越高越好。（　　）

25. 沟通主要以语言为载体。（　　）

四、简答题（本大题共4小题，每小题5分，共20分。）

26. 简述期望理论的主要观点。

27. 简述管理的职能。

28. 简述自我实现人假设。

29. 简述计划的作用。

五、论述题（本题10分）

30. 试述组织变革的过程。

六、案例分析题（本大题共2小题，每小题15分，共30分。）

31. A企业是某民营集团公司下属的一家服装生产企业，由于集团公司业务经营规模的扩大，2011年开始，集团总部决定将A企业交由公司聘请的总经理及其经营管理层全权负责经营管理，采购、生产和销售甚至包括财务也交由A企业全权负责，集团总部对A企业的日常经营事务将不再过问。这期间，集团总部既没有要求A企业的经营管理层定期向集团公司汇报经营情况，也没有对A企业经营管理层的经营目标做任何明确要求，只是非正式地承诺，如果企业盈利了，将给企业的经营管理层奖励，具体的奖励办法和奖励金额也没有明确。在这种管理状况下，经过两年的经营，到2013年年底，问题就出现了。

集团公司发现，A企业的生产管理非常混乱，账务不清楚，在生产中经常出现用料错误、次品率高、员工生产纪律松散等现象，甚至出现个别业务员在采购中私拿回扣、收取委托加工费不入账等问题。同时，由于账务不清，集团总部与服装企业经营管理层之间对企业是否盈利也各执一词。总部认为这两年公司总部投入了几千万元而没有得到回报，属于A企业经营管理不善。而A企业经营管理层则认为这两年企业已经减亏增盈了，总部决策者失信于企业的经营管理层，没有兑现其给予A企业经营管理层奖励的承诺。

面对A企业经营管理中存在的问题，总部决定将下放的经营管理权全部收回，重新由总部负责A企业的经营管理。于是，A企业管理层觉得大权旁落，总部对其不信任，工作积极性受到影响，经营陷入困境。

问题：

（1）什么是集权与分权？

（2）你认为A企业应如何走出管理困境？

32. 王凯是东北某地区一个小镇的镇长，他给小镇各业务部门起草了一份年度预算。在预算中，他把各部门的费用平均分配到十二个月里。过了半年，自来水厂从预算中省下不少钱。与此同时，公路保养部门却大大地超支了。王凯批评了公路保养部门的管理人员在控制使用预算上没有尽力，然而，在解决问题时，他提议把自来水厂剩余的部分转到公路预算上，以此平衡这一年度的开支。李达是公路管理人员，他说自己完全有理由为超支辩解。苏辛是自来水厂的主管，她坚决反对从预算中挪走那笔资金。

问题：

（1）公路管理人员有哪些理由为自己辩护？

（2）自来水厂的主管不愿挪走预算中剩余的钱，她会有什么理由呢？

（3）那位镇长应该怎样改进他的预算程序？

全国高等教育自学考试
管理学原理模拟试卷（三）
参考答案

（课程代码 00054）

一、单项选择题

1. D　2. C　3. A　4. A　5. B　6. B　7. A　8. B
9. C　10. C　11. A　12. B　13. C　14. A　15. C

二、多项选择题

16. ABCDE　17. ABCDE　18. ABC　19. ABC　20. ABDE

三、判断说明题

21. × 短期计划是指期限在一年以内，以年度计划为主要形式的计划。

22. √

23. √

24. × 控制的标准要做到具体化、数字化、客观化、容易测定、便于考核、便于执行，而不是越高越好。

25. √

四、简答题

26. 答：弗鲁姆认为，一种激励因素作用的大小取决于两方面因素：一是激励因素所能实现的可能性（或期望）的大小；二是激励因素对其本人的效价大小。激励的潜力、期望和效价的关系可用下列公式表示：

$$M=V\times E$$

其中：M 表示激励力，激发力量的高低。V 表示效价，指人们对某一目标的重视程度与评价高低。E 表示期望值，是采取某种行为可能导致的绩效和满足需要的概率。

27. 答：管理职能是管理者在管理过程中从事的活动。不同学者对管理职能有不同的归纳，但在管理基本职能认识上达成了共识，即计划、组织、领导和控制。

（1）计划是对组织未来活动进行的预先筹划和安排。

（2）组织是为了完成计划而对分工协作关系所做的整体安排。

（3）领导是指挥和影响下属为实现组织目标而努力工作的过程。

（4）控制是为了保证组织按预定要求运作而进行的一系列监督检查工作。

28. 答：人一般是勤奋的，人能够自我激励与自我管理，人们要求提高和发展自己，期望获取个人成功。所以，认为管理者应把管理的重点从重视人的因素，转移至创造良好工作环境，把人作为宝贵资源，提供挑战性工作，使得员工能力得以充分发挥。

29. 答：（1）有利于明确工作目标，提高工作效率。

（2）有利于增强管理的预见性，规避风险。

（3）有利于减少浪费，取得最佳经济效益。

（4）有利于控制工作的开展。

五、论述题

30. 答：成功而有效的组织变革，通常需要经历解冻阶段、变革阶段、再冻结阶段这三个有机联系的过程。

（1）解冻阶段。解冻阶段的主要任务是发现组织变革的动力，营造危机感，塑造出改革乃是大势所趋的气氛，并在采取措施克服变革阻力的同时具体描绘组织变革的蓝图，明确组织变革的目标和方向，以形成可实施的比较完善的组织变革方案。

（2）变革阶段。变革阶段的任务就是按照所拟定变革方案的要求开展具体的组织变革行动，以使组织从现有结构模式向目标模式转变。这是变革的实质性阶段，通常可以分为试验与推广两个步骤。

（3）再冻结阶段。组织变革过程并不是在实施变革行动后就宣告结束。现实中经常出现组织变革行动发生之后，个人和组织都有一种退回到原有习惯的行为方式中的倾向。为了避免出现这种情况，变革的管理者就必须采取措施保证新的行为方式和组织形态能够不断地得到强化和巩固，这一强化和巩固的阶段可以视为一个冻结或者重新冻结的过程。缺乏这一冻结阶段，变革的成果就有可能退化消失，而且对组织及其成员也将只有短暂的影响。

六、案例分析题

31. 答：(1) 集权即职权的集中化，是指决策权在很大程度上向处于较高管理层次的职位集中的组织状态和组织过程。分权即职权的分散化，是决策权在很大程度上分散到处于较低管理层次的职位上。

(2) A 企业管理中所遇到的问题主要是集团内部集权、分权与授权管理中所产生的问题，解决这些问题需要：

①充分考虑影响集权与分权的因素，做好分权工作。②遵循有效授权的要求。③加强沟通，完善激励机制。

32. 答：(1) 在年初那几个月，公路扫雪的费用会特别高。到了春季，保养公路的费用会降下来；可到了夏季，为了维修公路，费用又会上升。在预算中，每个月平均开支是不符合实际的。

(2) 苏辛的理由非常相似，从冬季到初春，地区的用水量不大，但从晚春到夏季，人们浇洒草坪、灌满游泳池，还要经常淋浴，用水量会陡然上升。苏辛为了夏季能有足够费用，要从深冬初春的预算中“省出”钱来。

(3) 一份预算计划若想更有效，就应该预计一个部门每个月的工作程度，区别对待。如果采用弹性预算的话，保养公路的预算可以根据积雪的厚度或者暴风雪的次数，来安排费用。自来水厂预算中的可变费用部分会更有弹性，费用大小要依据处理了多少水来判定。

全国高等教育自学考试
管理学原理模拟试卷（四）

（课程代码　00054）

第Ⅰ部分　选择题（25分）

一、单项选择题（本大题共15小题，每小题1分，共15分。在每小题列出的四个备选项中只有一个是符合题目要求的，请将其代码填写在题后的括号内。错选、多选或未选均无分。）

1. 直线职权、职能职权与参谋职权在管理工作中都属于（　　）。

A. 职权　　B. 协作

C. 联合　　D. 合作

2. 生产线的工段长应具备的最主要的技能是（　　）。

A. 技术技能　　B. 识记技能

C. 核算技能　　D. 决策技能

3. 明达公司在实施全面质量管理时，对组织内部进行了全面调整，打破了单一的部门设计，成立了一些跨部门的工作团队，这些团队为改进产品提出了许多建议。该公司的做法属于组织变革中的（　　）。

A. 结构变革　　B. 技术变革

C. 人员变革　　D. 文化变革

4. 科学管理理论的创立者是（　　）。

A. 泰勒　　B. 孔茨

C. 韦伯　　D. 法约尔

5. 研发团队中的项目负责人属于（　　）。

A. 基层管理者　　B. 中层管理者

C. 高层管理者　　D. 组织投资者

6. 根据管理方格理论，很少关心生产、非常关心人的领导方式是（　　）。

A. 1.1 型　　B. 9.9 型

C. 1.9 型　　D. 9.1 型

7. 下列各项中，属于委员会制缺点的是（　　）。

A. 协调沟通　　B. 激发管理人员的主动性

C. 避免权力过于集中　　D. 责任模糊

8. 下列最能说明企业组织所采取的是越来越分权的做法的是（　　）。

A. 更多的管理人员能对下属提出的建议行使否决权

B. 较低的管理层次做出的决策有更大的比例被付诸实施

C. 较低层次的管理人员愿意提出更多、更重要的改进建议

D. 采取了更多的措施减轻高层主要领导的工作负担

9. 下列关于授权的论述，正确的是（　　）。

A. 授权是一种结果

B. 授权意味着授责

C. 分权是授权的延伸

D. 授权表明上下级之间存在长期的权责授予关系

10. 制订计划时要留有余地，执行计划时要严格执行，这是指（　　）。

A. 许诺原理　　B. 灵活性原理

C. 计划性原理　　D. 改变航道原理

11. 良好的激励就是要去激发人的（　　）。

A. 意愿　　B. 动机

C. 远景　　D. 计划

12. 编码在沟通过程中属于（　　）。

A. 信息的传递　　B. 信息的接收

C. 信息的发出　　D. 信息的反馈

13. 民主式领导将权力定位于（　　）。

A. 群众　　B. 董事会

C. 每个职工　　D. 领导本人

14. 如主管人员现场指导营业人员的销售活动，发现不符合标准或违反规定，立即予以纠正，这属于（　　）。

A. 前期控制　　B. 过程控制

C. 现场控制　　D. 反馈控制

15. 双因素理论中的双因素指的是（　　）。

A. 人与物的因素　　B. 信息与环境因素

C. 保健因素与激励因素　　D. 自然因素与社会因素

二、多项选择题（本大题共5小题，每小题2分，共10分。在每小题列出的五个备选项中至少有两个是符合题目要求的，请将其代码填写在题后的括号内。错选、多选、少选或未选均无分。）

16. 非正式沟通的优点包括（　　）。

A. 效率高　　B. 信息易失真

C. 速度快　　D. 形式不拘

E. 富有权威性

17. 按决策活动表现的形式不同，可以将决策分为（　　）。

A. 非程序化决策　　B. 一次性决策

C. 程序化决策　　D. 非例行决策

E. 非规范性决策

18. 按组织目标的不同，可以把组织划分为（　　）。

A. 营利性组织　　B. 公共组织

C. 政治组织　　D. 经济组织

E. 非营利性组织

19. 领导者所发挥的作用有（　　）。

A. 协调　　B. 指挥

C. 激励　　D. 惩罚

E. 督促

20. 甄选是指综合利用心理学、管理学等学科的（　　）对应聘者的任职资格、工作胜任程度等进行测量和评价到录用的过程。

A. 方法　　B. 理论

C. 行为　　D. 技术

E. 格式

第Ⅱ部分　非选择题（75 分）

三、判断说明题（本大题共 5 小题，每小题 3 分，共 15 分。判断正确与否，正确的在括号内打√，不需说明理由，错误的在括号内打×，并说明理由。）

21. 计划是对事情进行预先筹划和安排的一项活动。　（　　）

22. 古典管理理论主要由三个理论学派构成，即科学管理理论、一般管理理论和行政组织理论。　（　　）

23. 噪音不属于沟通的过程。　（　　）

24. 沟通只是语言交流的过程，不包括感情因素。　（　　）

25. 控制的目的是保证组织活动符合计划的要求，以有效地实现预定目标。　（　　）

四、简答题（本大题共 4 小题，每小题 5 分，共 20 分。）

26. 简述正式沟通的含义。

27. 简述决策理论学派的主要思想。

28. 简述计划的基本特点。

29. 简述霍桑试验的结论。

五、论述题（本题10分）

30. 试述组织变革的原因。

六、案例分析题（本大题共2小题，每小题15分，共30分。）

31. **10分钟提高效率**

美国某钢铁公司总裁舒瓦普向一位效率专家利请教如何更好地执行计划的方法。利声称可以给舒瓦普一样东西，可以使他在10分钟内能把他公司业绩提高50%。接着，利递给舒瓦普一张白纸，说："请在这张纸上写下你明天要做的6件最重要的事。"舒瓦普用了约5分钟时间写完。利接着说："现在用数字标明每件事情对于你和公司的重要性次序。"舒瓦普又花了约5分钟做完。利说："好了，现在这张纸就是我要给你的。明天早上第一件事是把纸条拿出来，做第一项重要的。不看其他的，只做第一项，直到完成为止；然后用同样办法对待第二项，第三项……直到下班为止。即使只做完一件事，那也不要紧，因为你总在做最重要的事。你可以试着每天这样做，直到你相信这个方法有价值时，请将你认为的价值给我寄支票。"一个月后，舒瓦普给利寄去一张2.5万美元的支票，并在他的员工中普及这种方法。5 年后，当年这个不为人知的小钢铁公司成为世界上最大的钢铁公司之一。

问题：

（1）为什么总裁舒瓦普有计划却难以执行？效率专家利的方法的关键在哪里？

（2）效率专家利执行计划的方法使这个不为人知的小钢铁公司成为世界上最大的钢铁公司之一。为什么计划能有这么大的作用呢？

32. 阳光设备制造公司雇佣张雷当副总经理已经10年了。张雷是位专家，负责公司里的研究开发工作。在他的领导下，公司建立了正规的研究机构，并有五个管理层次。张雷手下有三个关键人物：研究部主任、行政管理部经理和专利注册部经理。研究部主任配有两个处长，一个抓基础研究，另一个搞应用开发。这两头，各有五个探索领域：物理、有机合成、化学工艺、反应装置和分解学。依次类推，负责每个领域的科长手下有两三个具体抓课题的组长。在整个研究开发过程中，由张雷不时地复审所有的项目，然后拨款放权，让这些项目进入下一个阶段。

如此安排，使研究工作大见成效，公司长期以来生意兴隆，获得了上千项专利。但是近两年，日本、德国的一些公司在竞争中不断地有惊人的突破，它们的研究队伍很快就探听到技术上的新发展，并且领先一步投入生产开发。当张雷退休时，公司任命了一位新的副总经理来负责研究工作，授权他重新组织研究队伍，以便从整体上对环境做出快速反应，更见成效。

问题：这位新上任的副总经理应该采取哪些基本措施来改进研究活动，提高工作效率呢?

全国高等教育自学考试
管理学原理模拟试卷（四）
参考答案

（课程代码　00054）

一、单项选择题

1. A　2. A　3. A　4. A　5. A　6. C　7. D　8. B
9. C　10. B　11. B　12. C　13. A　14. C　15. C

二、多项选择题

16. ACD　17. AC　18. ABE　19. ABC　20. ABD

三、判断说明题

21. √

22. √

23. ×　沟通的过程包括信息的发出、传递、接收、反馈和噪音。噪音是扭曲目标信息的因素，会破坏沟通的有效性。

24. ×　沟通既是信息传递过程，又是感情交流过程。

25. √

四、简答题

26. 答：正式沟通就是按照组织设计中事先规定好的结构系统和信息系统的路径、方向、媒体等进行的信息沟通，如组织之间的信函来往、文件、召开会议、上下级之间的定期情报交换以及组织正式颁布的法令、规章、公告等。

27. 答：决策理论学派主要着眼于合理的决策，即研究如何从各种可能的决策方案中选择一种“令人满意”的行动方案。其主要思想包括：

（1）强调了决策在管理中的重要性，决策贯穿于管理活动的全过程。

（2）提出了决策的标准。

（3）明确了决策的程序。

（4）决策的技术。

28. 答：（1）目的性。（2）首位性。（3）普遍性。（4）适应性。（5）经济性。

29. 答：（1）工人是“社会人”，而非单纯追求金钱收入的“经济人”。

（2）认为生产率的高低主要取决于工人的态度。

（3）企业中存在“非正式组织”。

（4）对领导能力提出新要求。

五、论述题

30. 答：推动组织变革的因素主要可从内部和外部两大方面分析。

外部动因有：

（1）宏观社会经济环境的变化。

（2）科技进步的影响。

（3）环境资源的影响。

（4）竞争观念的改变。

（5）全球化。

内部动因有：

（1）战略的调整。

（2）设备引进与技术的变化。

（3）员工受教育程度的提高。

（4）组织规模和范围扩大，原来的组织结构变得不适应。

六、案例分析题

31. 答：（1）计划工作的内容不仅要制定目标，还包括原因、人员、时间、地点、手段等。总裁舒瓦普没有列出执行计划的具体时间、地点等，当然难以执行，而效率专家利恰恰抓住了这些关键，即即时、即地的主要目标是什么，并第一时间完成这些紧急计划。

（2）计划作为管理的首要职能，是组织实施的纲要，为控制提供标准，领导在计划实施中确保计划取得成功。计划的重要性表现在：

①有利于明确工作目标，提高工作效率。

②有利于增强管理的预见性，规避风险。

③有利于减少浪费，取得最佳经济效益。

④有利于控制工作的开展。

32. 答：(1) 管理层次应该减少。

(2) 管理人员的控制范围应该扩大。副总经理只抓三个部门，研究部主任仅管两个处长，每个处长手下有五个科长，而每个科长又只有两三个课题组组长。

(3) 权力应该下放。对整个研究过程来说，最高决策人要复审全部项目，显然会阻碍下属发挥积极性与创造力，同时也拖延了对外界变化反应的时间。

(4) 一个权力下放的企业，管理层次少，管理范围广，对这家公司来说，它可以这样来设计：

①那位副总经理负责七个部门：物理、有机合成、化学工艺、反应装置、分解学、行政管理与专利注册。在这一管理层次上，不必顾及基础研究与应用开发之间的区别，每个研究领域由一位部门主任牵头。

②每一位研究部主任手下各有五个以上的项目带头人，从事专题研究，外加一个人来协调产品开发工作。

③由于只有三个管理层次，这五位研究部主任有权审批各种项目的进展，而副总经理只需介入每一研究部门的总资金问题即可。

全国高等教育自学考试
管理学原理模拟试卷（五）

（课程代码　00054）

第Ⅰ部分　选择题（25 分）

一、单项选择题（本大题共 15 小题，每小题 1 分，共 15 分。在每小题列出的四个备选项中只有一个是符合题目要求的，请将其代码填写在题后的括号内。错选、多选或未选均无分。）

1. 下列关于组织的论述中，错误的是（　　）。

A. 组织具有一定的权责结构

B. 组织拥有一定的资源

C. 组织工作是在封闭状态下进行的

D. 组织必须要有明确的目标

2. PEST 分析法中“T”是指（　　）。

A. 政治　　B. 经济

C. 社会　　D. 技术

3. 对程序化决策描述正确的是（　　）。

A. 重复出现的、例行性决策　　B. 非重复性的、例行性决策

C. 非重复性的、例外决策　　D. 重复出现的、例外决策

4. 企业将主要精力集中于行业中某一特定的细分市场，而不是将参与竞争的范围铺展到整个行业市场的战略是（　　）。

A. 差异化战略　　B. 集中战略

C. 成本领先战略　　D. 国际化战略

5.“管理就是实行计划、组织、指挥、协调和控制”的提出者是（　　）。

A. 马斯洛　　B. 泰勒

C. 法约尔　　D. 科特勒

6. 扁平化组织结构的优点是（　　）。

A. 增加了管理者对下属的监督和协调控制难度

B. 管理层级少，缩短上下级距离

C. 下属也缺少了更多的提升机会

D. 信息失真度高

7. 在组织规模一定的条件下，管理层次与管理幅度呈（　　）。

A. 正比关系　　B. 反比关系

C. 正相关关系　　D. 无关系

8. 目前电子代工行业的产品类型复杂，以“代工之王”富士康为例，面对众多的产品系列，其最适合的组织结构类型是（　　）。

A. 直线职能型　　B. 直线型

C. 矩阵型　　D. 事业部制

9. 依照管理方格理论的观点，那种既不关心人，又不关心生产，对组织放任自流，放弃领导应有责任的领导方式属于（　　）。

A. 团队型领导方式　　B. 贫乏型领导方式

C. 俱乐部型领导方式　　D. 中间型领导方式

10. 下列不属于内部提升优点的是（　　）。

A. 组织内部成员对组织的历史和现状比较了解，能较快地胜任工作

B. 有较广泛的来源以满足组织的要求，并有能力招聘到第一流的人才

C. 可激励组织成员的进取心，努力提高本身的知识和技能

D. 工作有变换机会，可提高组织成员的兴趣和士气，使其有一个良好的工作情绪

11. 双因素理论的提出者是（　　）。

A. 马斯洛　　B. 斯金纳

C. 赫茨伯格　　D. 弗鲁姆

12. 完成相互依存的任务，实现共同使命的一群人是指（　　）。

A. 流程型组织　　B. 学习型组织

C. 团队组织　　D. 过程组织

13. 沟通形式不拘、速度快，容易及时了解到“内幕新闻”的沟通方式是（　　）。

A. 下行沟通　　B. 非正式沟通

C. 上行沟通　　D. 横向沟通

14. 信息传递的速度最快，解决问题时效最高的沟通网络是（　　）。

A. Y 式沟通　　B. 全通道式沟通

C. 环式沟通　　D. 链式沟通

15. 计划实施过程中，在保持计划总目标不变的前提下，实现目标的进程可因情况的变化而变化，使计划的执行过程具有应变力，这是指（　　）。

A. 改变航道原理　　B. 灵活性原理

C. 许诺原理　　D. 限定因素原理

二、多项选择题（本大题共 5 小题，每小题 2 分，共 10 分。在每小题列出的五个备选项中至少有两个是符合题目要求的，请将其代码填写在题后的括号内。错选、多选、少选或未选均无分。）

16. 下列选项中，属于古典管理理论的有（　　）。

A. 科学管理理论　　B. 行政组织理论

C. 一般管理理论　　D. 学习型组织理论

E. 战略管理理论

17. 目标管理的特点包括（　　）。

A. 以自我管理为中心　　B. 员工参与管理

C. 强调自我评价　　D. 重视成果

E. 强调自我表扬

18. 社会责任要求企业（　　）。

A. 积极参与社会公益

B. 经营决策着眼于企业的经济利益

C. 充分发挥人力资源的作用

D. 保护环境

E. 尊重员工话语权

19. 外部招聘的优点包括（　　）。

A. 冲击组织的稳定性

B. 可平息或缓和内部竞争者之间的矛盾

C. 影响组织中人员的积极性

D. 为组织带来新的理念

E. 可供挑选的人才来源广泛

20. 按照决策的性质不同，可以将决策分为（　　）。

A. 战略决策　　B. 战术决策

C. 业务决策　　D. 短期决策

E. 程序化决策

第Ⅱ部分　非选择题（75 分）

三、判断说明题（本大题共 5 小题，每小题 3 分，共 15 分。判断正确与否，正确的在括号内打√，不需说明理由，错误的在括号内打×，并说明理由。）

21. 行为规范是组织群体所确立的行为标准并通过制定相关的规定来调整员工的行为。（　　）

22. 组织设计就是根据组织目标对组织的结构和活动进行筹划和考虑。（　　）

23. 放任式领导将权力定位于群众。（　　）

24. 有效的激励是有效管理的关键和核心。（　　）

25. 管理活动包括计划、组织、领导和控制等，它是管理的基本职能。（　　）

四、简答题（本大题共4小题，每小题5分，共20分。）

26. 简述组织的一般环境。

27. 简述管理者的角色。

28. 简述沟通的过程。

29. 简述组织结构中扁平结构的缺点。

五、论述题（本题 10 分）

30. 试述影响集权和分权的因素。

六、案例分析题（本大题共 2 小题，每小题 15 分，共 30 分。）

31. 正如 20 世纪 90 年代的许多企业那样，澳洲国家银行经历了重大的变革。这使得该银行意识到其领导能力不足。银行行政总监与人力资源部门共同决定，领导力发展应该得到高度重视。1994 年，制定教育课程的行动开始实施。学习围绕六大模块建立：三项自学练习系列、一天的介绍性研讨会、六天的脱产工作讨论会、着眼于理解银行面临的竞争问题的团队学习项目、总结性研讨会、以校友网络和经理人反馈形式开展的几项跟进活动。课程开始前三四周，学员接到将在自己身上实施的任务作为背景材料，他们得到课程的概述、领导力方面的读物和录像以及银行的全球战略安排。研习过这些材料后，要请他们回答一系列有关领导力的书面问题，并指出材料中的观点跟现实工作环境的不符之处。这种预习有几个目的：首先，设计者希望挑战学员的学习环境概念；其次，他们希望学员开始对先前有关领导力的概念提出挑战。工作讨论会本身是围绕四个学习目标建立的，它们是：银行面临的战略问题、领导能力、人际关系、团队工作。其中，学员的领导能力和团队工作最受重视。学员们把课堂讲座与体验练习相结合，并且运用学习刊物创建论坛，有组织地讨论工作中学到的知识。工作讨论会结束后，在世界各地举办一天的总结性研讨会。在各个地点之间举行两小时的电视会议，让学员能够彼此沟通，行政总裁在场提供支持。研讨会有两个目的：其一，让团队有机会跨国界合作，思考并分享他们的经验；其二，它提供了一个论坛，让大家在正式项目结束时确定未来的行动。澳洲国家银行是精心设计个人发展规划的范例。与课程的领导力模型相关的能力方面，学员得到结构明晰的全方位反馈，强化了课程内容。预习和思考练习鼓励个人更深入地思考自己的领导者角色。学习经历分布于若干阶段，而不是集中于一次工作讨论会。这就让学员有更多的时间在工作中思考并应用所学的各种知识。

问题：

（1）管理人员培训主要包含哪些内容？

（2）澳洲国家银行重点是在哪方面进行管理人员培训的？

（3）管理人员在职培训的具体形式有哪些？

32. 王力已经在英华信息技术开发公司工作了 6 年。在这期间，他工作勤恳负责，技术能力强，多次受到公司的表扬，领导很赏识他，并赋予他更多的工作和责任，几年中他从普通的程序员晋升到了资深的系统分析员。虽然他的工资不是很高，住房也不宽敞，但他对自己所在的公司还是比较满意的，并经常被工作中的创造性要求激励，公司经理经常在外来的客人面前赞扬他："王力是我们公司的技术骨干，是一个具有创新能力的人才……"

去年 7 月份，公司有申报职称指标，王力属于有条件申报人员，但名额给了一个学历比他低、工作业绩平平的老同志。他想问一下领导具体情况，谁知领导却先来找他说："王力，你年轻，机会有的是。"

最近王力在和同事们的聊天中了解到他所在的部门新聘用了一位刚从大学毕业的程序分析员，但工资仅比他少 50 元。尽管王力平时是个不太计较的人，但对此还是感到迷惑不解，甚至很生气，他觉得这里可能有什么问题。

在这之后的一天下午，王力找到了人力资源部宫主任，问他此事是不是真的。宫主任说："王力，我们现在非常需要增加一名程序分析员，而程序分析员在人才市场上很紧俏，为使公司能吸引合格人才，我们不得不提供较高的起薪。为了公司的整体利益，请你理解。"王力问能否相应提高他的工资。宫主任回答："你的工作表现很好，领导很赏识你，我相信到时会给你提薪的。"王力向宫主任说了声："知道了！"便离开了他的办公室，开始为自己在公司的前途感到忧虑。

问题：

（1）用双因素理论解释王力的忧虑、困惑。

（2）谈一谈企业更好、更有效地激励员工应遵循的原则。

全国高等教育自学考试
管理学原理模拟试卷（五）
参考答案

（课程代码　00054）

一、单项选择题

1. C　2. D　3. A　4. B　5. C　6. B　7. B　8. D
9. B　10. B　11. C　12. C　13. B　14. D　15. A

二、多项选择题

16. ABC　17. ABCD　18. ACDE　19. BDE　20. ABC

三、判断说明题

21. ×行为规范是组织群体所确立的行为标准并通过公众舆论来调整员工的行为。

22. √

23. ×　放任式领导将权力定位于每个职工手中。

24. √

25. √

四、简答题

26. 答：组织的一般环境是组织的大环境，是指可能对所有组织的活动产生影响的各种因素所构成的集合，具体包括政治环境、经济环境、社会环境、技术环境，故也称宏观环境。

27. 答：（1）人际关系方面的角色。管理者在处理与人的关系时便扮演这种角色，具体又包括挂名首脑角色、领导者角色和联络者角色。

（2）信息传递方面的角色。管理者是所在单位的信息中心，他们不断从内部获得各种信息，同时又向外部传递信息。信息传递方面的角色具体又包括监听者角色、传播者角色和发言人角色。

（3）决策制定方面的角色。管理者是组织重要的决策者，在决策制定方面承担重要角色。

28. 答：沟通的过程就是信息的发送者将要发送的信息通过一定的渠道传送，信息的接收者在接到信息之后，对信息进行理解，按接收到的信息采取行动，并给予信息反馈。沟通的过程包括信息的发出、传递、接收、反馈和噪音。

29. 答：（1）不能严密地监督下级，易失控。

（2）管理幅度的增大，造成了同级间沟通困难。

五、论述题

30. 答：（1）决策的代价。如果某一项决策失误的影响很大，它可能是由高层做出的；若影响较小，则可能是由低层做出的。

（2）政策一致性的愿望。如果认为政策的一致非常重要，要求一致性的愿望强，则管理更多地趋于集权，即权力的集中程度较高。如果认为要保持政策的灵活性和适应性，则更趋向于分权。

（3）组织的规模和经营特点。如果组织规模较大，则问题相对较多，为了提高效率，需要多人负责，就需要分权；否则，更倾向于集权。如果经营特点不同，如技术不复杂、连续性不强. 则可以分权；否则，就需要集权。

（4）管理人员的性格素质。如果管理人员是专制型的或不放心别人决策，则倾向于集权；否则，只能分权。

（5）控制技术。如果管理人员有较好的控制技术和工具，能够及时地了解职权的使用情况，避免重大失误，则分权程度就会高；否则，则趋向于集权。

（6）组织的历史和文化。如果组织是从小到大逐步发展起来的，则更多倾向于集权；如果组织是几家合并的，那么多少会保持一定的“独立性”，则倾向于分权。

（7）组织变革的速度。变革速度快的组织，其问题更多、更新、更复杂，因此，它不得不进行分权；变革速度慢的组织，则可能集权的程度高一些。

（8）环境的变化。如在经济高速增长的环境中，市场活跃，机会增多，为了抓住时机，可能分权多一些；在宏观紧缩的环境中，为了集中力量摆脱困境，则可能集权多一些。

六、案例分析题

31. 答：（1）一般而言，管理人员培训应包括以下几方面的内容：

①业务培训。管理不可能脱离实际业务内容，熟悉业务知识是进行有效管理的前提之一。

②管理理论培训。管理者只有掌握一定的管理理论，才能进行科学的管理活动。对任何层次的管理者来说，掌握一定的管理理论都是必要的。

③管理能力培训。管理者的管理能力是决定管理效率的基本要素。通过科学的培训可以提高管理者的管理能力。

④交际能力及心理素质培训。管理能力的发挥必须借助于管理者身心素质来实现，良好的心理素质也可借助于现代心理学研究成果，通过科学的培训而形成。

（2）领导能力、业务方面（银行战略）、人际关系、团队合作等方面。

（3）在职培训的形式主要有：

①工作轮换。工作轮换是指让员工在横向层级上参与不同的工作，学习和掌握不同的工作技能和经验，使其对各种工作之间的关系和整个组织活动有更全面、更深刻的体验，这种方法有利于培养接班人。

②实习。实习是新员工向优秀老员工学习以提升其知识与技能的一种培训方式。

③设置助理职务。

④临时职务代理。

32. 答：（1）导致王力忧虑、困惑的原因是企业激励因素存在一定的问题：

①激励理论中的双因素理论将影响工作效率的因素分为两类：保健因素和激励因素。

②保健因素是指人们对本组织的政策和管理、监督、工作条件、人际关系、薪金、地位、职业安定及个人生活所需等，如果得到则没有不满，得不到则产生不满。尽管保健因素不能起到激励作用，却是人们有效工作的必要条件，能防止职工产生不满情绪。该公司对王力忽略了保健因素而导致王力的忧虑。

③激励因素，包括赏识（认可）、艰巨的工作、晋升和工作中成长、责任感等因素，如果得到则感到满意，得不到则产生不满，它能产生使职工满意的积极效果。但企业必须提供某些条件以满足激励因素的需要，才可以保持人们一定的工作积极性。该公司只注重了激励因素，而忽略了保健因素。

（2）要取得有效的激励效果，该公司主管人员必须做到：

①组织目标与个人目标相结合。

②物质激励与精神激励相结合。

③正激励与负激励相结合。

④差异化与多样化相结合。

⑤公平与公正。

全国高等教育自学考试
管理学原理模拟试卷（六）

（课程代码　00054）

第Ⅰ部分　选择题（25分）

一、单项选择题（本大题共15小题，每小题1分，共15分。在每小题列出的四个备选项中只有一个是符合题目要求的，请将其代码填写在题后的括号内。错选、多选或未选均无分。）

1. 理解、激励他人的能力对于管理者来说属于（　　）。

A. 人际技能　　B. 概念技能

C. 管理技术　　D. 技术技能

2. 条状图的开发者是（　　）。

A. 德鲁克　　B. 戴明

C. 甘特　　D. 泰勒

3. 下列选项中，不应使用程序化决策方法的是（　　）。

A. 工资发放的安排　　B. 组织结构的调整

C. 生产计划的安排　　D. 采购工作的开展

4. 能提高士气的沟通方式是（　　）。

A. 链式　　B. 轮式

C. Y式　　D. 环式

5. 在管理活动过程中，居于首位的职能是（　　）。

A. 计划　　B. 组织

C. 领导　　D. 控制

6. 北方某企业专注于剃须刀制造产业，最终获得了世界前三的市场地位，其采取的战略是（　　）。

A. 总成本领先战略　　B. 集中战略

C. 差别化战略　　D. 区域化战略

7. 组织外部环境的类型是多样的，其中不确定性最高，对组织管理者的挑战最大的环境状态是（　　）。

A. 简单和动态的环境　　B. 简单和稳定的环境

C. 复杂和动态的环境　　D. 复杂和稳定的环境

8. 职位权力是（　　）。

A. 正式权力　　B. 非正式权力

C. 个人权力　　D. 专长权

9. 宜于集权的情况不包括（　　）。

A. 分散程度较低　　B. 决策数目少

C. 组织规模小　　D. 决策数目多

10. 既能实现统一命令和集中指挥，又能发挥职能管理和职能参谋的作用，形成有机的领导隶属、分工协作和指导监督关系的组织结构形式是（　　）。

A. 矩阵制　　B. 委员会制

C. 直线职能制　　D. 事业部制

11. 人的需要是多样的，会随着发展条件而变化的基本观点的是（　　）。

A. 经济人假设　　B. 社会人假设

C. 自我实现人假设　　D. 复杂人假设

12. 在每个预算年度开始时，将所有过去进行的管理活动都看做重新开始的预算是（　　）。

A. 零基预算　　B. 增量预算

C. 复式预算　　D. 总量预算

13. 如果一个追随者的独立性较强、工作水平高，那么采取哪一种领导方式是不适宜的？（　　）

A. 独裁式领导　　B. 民主式领导

C. 放任式领导　　D. 俱乐部式领导

14. 依照决策学派代表人西蒙的观点，决策系统选择采用的标准是（　　）。

A. 最优标准　　B. 合理标准

C. 正确标准　　D. 满意标准

15. 用财务数字或非财务数字表明预期结果的规划是（　　）。

A. 规则　　B. 预算

C. 程序　　D. 战略

二、多项选择题（本大题共5小题，每小题2分，共10分。在每小题列出的五个备选项中至少有两个是符合题目要求的，请将其代码填写在题后的括号内。错选、多选、少选或未选均无分。）

16. 组织变革的内容包括（　　）。

A. 结构变革　　B. 人员变革

C. 技术变革　　D. 组织文化变革

E. 环境变革

17. SWOT战略分析框架中四个因素分别是指（　　）。

A. 优势　　B. 劣势

C. 成长　　D. 机会

E. 威胁

18. 盈亏平衡分析法涉及的变量有（　　）。

A. 现金流　　B. 生产成本

C. 产品数量　　D. 支出

E. 销售利润

19. 马斯洛的需要层次理论认为，人类的需要主要包括（　　）。

A. 生理需要　　B. 安全需要

C. 社交需要　　D. 尊重需要

E. 自我实现需要

20. 领导者施加影响力的个人权力包括（　　）。

A. 奖赏权　　B. 法定权

C. 强制权　　D. 个人影响力

E. 专长权

第Ⅱ部分　非选择题（75 分）

三、判断说明题（本大题共 5 小题，每小题 3 分，共 15 分。判断正确与否，正确的在括号内打√，不需说明理由，错误的在括号内打×，并说明理由。）

21. 管理道德只适合于营利性组织的管理问题。（　　）

22. 团队是指完成相互依存的任务，实现共同使命的一群人。（　　）

23. 人员配备中的因事择人原则是指要根据人的不同特点来安排工作，使人的潜能得到最充分发挥。（　　）

24. X 理论的假设认为人们有积极的工作原动力。（　　）

25. 在人力资源的管理中，以如何激励人、调动人的积极性最为关键。（　　）

四、简答题（本大题共 4 小题，每小题 5 分，共 20 分。）

26. 简述亚当·斯密提出的对管理发展有重大影响的管理见解。

27. 简述管理的概念。

28. 简述许诺原理的基本内容。

29. 简述“社会人假设”的内容。

五、论述题（10 分）

30. 试述组织变革的阻力及克服阻力的方法。

六、案例分析题（本大题共 2 小题，每小题 15 分，共 30 分。）

31. 十五年前，远大公司的总经理张诚志靠贩运水泥起家，公司发展到今天已是一个拥有几千万资产的民营大企业。总公司现拥有一家贸易分公司、建筑装饰分公司和房地产公司，员工 300 多人。

自公司成立以来，公司的管理全靠张总的个人经验，从来没有通盘的目标与计划。近年来，公司的日子愈发不好过了。由于成本上升，市场竞争加剧，建筑分公司的创利逐年减少，处于略有盈余的维持状态。贸易分公司也只是靠以前的家底维持公司的日常活动，大笔生意几乎没有了。房地产分公司更是一年不如一年，房地产市场疲软，公司手里积压的几十套房产成为公司巨大的负担。

但公司也有一些发展的机会，如做小型柴油机的代理商；开拓市中心商业街工程，虽投入较大，但利润可观。

总之，摆在张总面前的困难很多，但机会也不少。新的一年到底该干什么？

以后的五年、十年又该怎样发展？该怎样制订公司的目标与计划？张诚志总经理现在正苦苦思考着这些问题。

问题：

（1）远大公司是否应制订公司中长期的发展计划？为什么？

（2）如果你是张总，你该如何制订公司的发展计划？

32. 某公司市场部包括采购、销售、运输、仓储、广告制作等科室。当赵亮调任市场部经理时，听到不少人反映广告制作科、仓储科员工迟到早退现象严重，工作效率低。虽然公司领导对这些员工进行过多次批评教育，但成效不大，其他科室的员工对此意见较大。为了更好地开展工作，赵亮走访了这两个科室，了解到的情况如下。

广告制作科的员工主要是大学以上文化程度，其工作性质多属创造性工作，具有独立性、连续性的特点，工作时间不局限于八小时之内。该科室的绝大部分员工工作认真、努力、热情高、责任心强，有强烈的创新意识和自我实现的要求。但是，公司在管理方面忽视了这种特点，采用统一、僵化的方法进行管理，导致他们工作积极性的下降。

相比而言，仓储科员工文化程度普遍较低，其工作多为程序化、常规性活动，实行八小时工作制，必须准时上下班，工作时间不能随意脱岗；工作条件与环境较差，工作内容比较单调乏味，员工的积极性同样不高。

面对了解到的情况，赵亮认为，两个部门存在的问题有客观原因，需要通过科学、合理的管理方法来解决，调动员工的工作积极性。赵亮在考虑该如何开展有效的领导工作。

问题：

（1）什么是领导者？其作用是什么？

（2）依据激励理论，广告制作科与仓储科的员工接近于哪种人性假设？你认为赵亮对这两个科室应如何实施领导？

全国高等教育自学考试
管理学原理模拟试卷（六）
参考答案

（课程代码　00054）

一、单项选择题

1. A　2. C　3. B　4. D　5. A　6. B　7. C　8. A
9. D　10. C　11. D　12. A　13. A　14. D　15. B

二、多项选择题

16. ABCD　17. ABDE　18. BCE　19. ABCDE　20. DE

三、判断说明题

21. ×　管理道德适合于所有组织的管理问题。

22. √

23. ×　因事择人是指根据岗位要求来选拔具备相应知识与能力的人员。题干描述的是因才适用原则。

24. ×　X 理论的假设认为人们有消极的工作原动力。

25. √

四、简答题

26. 答：（1）提出了“分工协作原理”和“生产合理化”的概念，认为对经济效益的追求主要依靠提高效率来完成，而效率的提高依靠分工，有了分工，同样数量的劳动者就能完成比过去多得多的工作。所以，只有分工协作才能提高劳动生产率。

（2）提出了“经济人”的观点，即经济活动产生于个人利益基础上的共同利益，认为个人在追求个人利益最大化的同时，必须兼顾他人利益，在此基础上，便产生了共同利益，形成总的社会利益。

27. 答：管理就是组织为了更有效地实现组织目标而对各种资源进行计划、组织、领导、控制的一系列协调活动的过程。

28. 答：任何一项计划都是对完成各项工作所做出的许诺，工作任务越多，许诺越大，实现许诺的时间就越长，计划的期限也就越长。因而，许诺原理涉及计划期限问题。一般来说，计划的期限与其所要完成的任务是成正比的。计划的承诺不能太多；否则，造成计划的时间过长，承诺所实现的可能性就越小。

29. 答：社会人假设认为，人是社会的，影响人生产积极性的因素，除物质因素外，还有社会、心理因素；生产率的高低主要取决于员工的士气，而员工的士气受企业内部人际关系及员工的家庭和社会生活影响。所以，要调动员工的工作积极性，必须使员工的社会和心理需求得到满足。

五、论述题

30. 答：组织变革的阻力是指反对、阻挠、对抗变革的制约力。

（1）组织变革的阻力一般有以下几个方面：

①对于不确定性的恐惧。②对于可能失去利益和权力的恐惧。③保守的组织文化。④缺乏竞争的市场环境。

（2）克服阻力的方法有：

①开诚布公地与员工沟通。②让员工参与到变革中。③利用成功的变革模式。④减少不确定性。⑤谈判。

六、案例分析题

31. 答：（1）远大公司应该制订中长期发展计划。

制订企业中长期发展计划的意义：有利于明确工作目标，提高工作效率；有利于增强管理的预见性，规避风险；有利于减少浪费，取得最佳经济效益；有利于控制工作的开展。

（注：结合远大公司稍做展开论述，只要上述四点中有一点提到远大公司即可得分）

（2）按照计划工作的程序编制企业计划。

①评估机会。

②确定目标。

③确定前提条件。

④拟定可供选择的方案。

⑤评价各种备选方案。

⑥选择方案。

⑦拟定辅助计划。

⑧编制预算。

（结合远大公司，稍做展开论述，只要上述八点中有一点提到远大公司即可得分）

32.（1）领导者就是组织中发挥领导作用的人，对于正式组织来说，是指具有一名以上下属的各级主管。在整个组织的管理活动中，领导者所发挥的作用主要有协调作用、指挥作用、激励作用。

（2）广告制作科的员工接近于人性假设中的“自我实现人”，仓储科的员工接近于“经济人”。依据人性假设理论，对广告制作科员工的管理应安排好组织工作方面的条件和作业方法，使他们的智慧能够充分发挥出来。工作重点是创造机会、挖掘潜力、排除障碍、鼓励发展和帮助引导。对仓储科的员工则以经济报酬来促使他们服从和做出贡献，并以权力与控制体系来保证组织任务的完成。工作重点是提高效率、完成任务。

全国高等教育自学考试
管理学原理模拟试卷（七）

（课程代码　00054）

第Ⅰ部分　选择题（25分）

一、单项选择题（本大题共15小题，每小题1分，共15分。在每小题列出的四个备选项中只有一个是符合题目要求的，请将其代码填写在题后的括号内。错选、多选或未选均无分。）

1. 把计划分为长期计划、中期计划和短期计划的划分标准是（　　）。

A. 范围　　B. 时间

C. 职能空间　　D. 内容的明确性

2. 当不确定性最高、对组织管理者挑战最大时，表明企业所处的环境是（　　）。

A. 复杂和动态的环境　　B. 简单和动态的环境

C. 稳定和复杂的环境　　D. 简单和稳定的环境

3. 被后人尊称为"经营管理之父"的是（　　）。

A. 法约尔　　B. 泰勒

C. 韦伯　　D. 梅奥

4. 对高、中、低层管理人员的技能要求是有所区别的，按三种技能在其技能组成中的比重从大到小排列，对低层管理人员的技能要求应该是（　　）。

A. 技术技能、人际技能、概念技能

B. 人际技能、概念技能、技术技能

C. 概念技能、人际技能、技术技能

D. 概念技能、技术技能、人际技能

5. 一种服务和协助关系的职权是指（　　）。

A. 专业职权　　B. 直线职权

C. 参谋职权　　D. 职位职权

6. 下列选项中，不属于计划特点的是（　　）。

A. 首位性　　B. 目的性

C. 特殊性　　D. 适应性

7. 某位管理人员把大部分时间花费在直接监督下属人员工作上，他一定不会是（　　）。

A. 工长　　B. 总经理

C. 领班　　D. 车间主任

8. “经济人”假设最早的提出者是（　　）。

A. 霍桑　　B. 马克思

C. 泰勒　　D. 亚当·斯密

9. 顾客部门化（区分顾客群）的优点是（　　）。

A. 强调满足顾客的独特需求　　B. 部门职能重复配置

C. 易产生部门倾向　　D. 需要顾客群体有一定的数量规模

10. 根据赫茨伯格的双因素理论，下列属于保健因素的是（　　）。

A. 成就　　B. 提升

C. 工资　　D. 责任感

11. 下列关于非正式沟通的说法中，正确的是（　　）。

A. 非正式沟通传播的是小道消息，效率较低

B. 非正式沟通经常将信息传递给本不需要它们的人

C. 非正式沟通信息交流速度较慢

D. 非正式沟通可以满足职工的社会需要

12. 注重职工的需要，以创造一个舒适和睦的组织气氛和工作节奏，而不太注重工作效率，这种轻松的领导方式是（　　）。

A. 贫乏型领导方式　　B. 俱乐部型领导方式

C. 任务型领导方式　　D. 家长型领导方式

13. 企业在可行性研究基础上，针对购置、扩建、改造或更新固定资产而编制的预算为（　　）。

A. 运营预算　　B. 生产预算

C. 销售预算　　D. 投资预算

14. 纠正偏差属于管理职能中的（　　）。

A. 计划　　B. 组织

C. 领导　　D. 控制

15. “领导的权变模式理论”的提出者是（　　）。

A. 布莱克　　B. 菲德勒

C. 菲利普斯　　D. 彼得·圣吉

二、多项选择题（本大题共5小题，每小题2分，共10分。在每小题列出的五个备选项中至少有两个是符合题目要求的，请将其代码填写在题后的括号内。错选、多选、少选或未选均无分。）

16. 组织的一般环境因素包括（　　）。

A. 经济环境　　B. 技术环境

C. 社会环境　　D. 组织文化环境

E. 政治环境

17. 决策的程序一般包括（　　）。

A. 识别机会或诊断问题　　B. 确定目标

C. 拟定可行方案　　D. 方案选优、典型试验

E. 普遍实施、跟踪控制

18. 预算按照内容可以将预算分为（　　）。

A. 运营预算　　B. 营业预算

C. 投资预算　　D. 双边预算

E. 财务预算

19. 管理道德的特征包括（　　）。

A. 普遍性　　B. 特殊性

C. 非强制性　　D. 变动性

E. 社会教化性

20. 下列选项中，属于决策原则的有（　　）。

A. 信息原则　　B. 预测原则

C. 可行性原则　　D. 系统原则

E. 对比择优原则

第Ⅱ部分　非选择题（75 分）

三、判断说明题（本大题共 5 小题，每小题 3 分，共 15 分。判断正确与否，正确的在括号内打√，不需说明理由，错误的在括号内打×，并说明理由。）

21. 按照组织的性质，可以把组织划分为政治组织、经济组织、文化组织、公共组织和宗教组织。（　　）

22. 价值观是企业文化的核心。（　　）

23. Y 理论的假设认为人们有消极的工作原动力。（　　）

24. 领导者工作的特点就是每天都要和各种各样的人打交道。（　　）

25. 沟通障碍是指信息在传递和交换过程中，由于信息意图受到干扰或误解，而导致沟通失真的现象。（　　）

四、简答题（本大题共 4 小题，每小题 5 分，共 20 分。）

26. 简述管理者的分类。

27. 简要说明计划工作的灵活性原理。

28. 简述人员配备的原则。

29. 简要说明影响管理宽度（管理幅度）的主要因素。

五、论述题（本题 10 分）

30. 试述 SWOT 分析法的含义及基本步骤。

六、案例分析题（本大题共 2 小题，每小题 15 分，共 30 分。）

31. 某公司是一家大型商贸公司，拥有三个独立经营的分公司。公司下设四部一室，即人事部、财务部、企管部、保卫部和总经理办公室，主要负责公司的人事决策、财务控制、规章制度建设管理等工作。各分公司对其经营的产品负有全部责任，实行独立核算，自负盈亏。尽管每个分公司的经营业务不同，但组织结构大体一致，分别设有财务处、储运处、业务处、现场管理处等若干部门和商场，每一商场又设有若干商品柜组，从事着自己的商品经营业务。在公司总部的正确指导和各分公司的积极努力下，经营业绩不断提高。

问题：

（1）画出该公司的组织结构图。

（2）该公司采用的是什么类型的组织结构？其特点是什么？

32. 某公司年终会给每位员工发放 4 000 元奖金，但几年下来，总经理感到这笔奖金没有起到应有的激励作用。他发现，员工在领取奖金的时候反应相当平淡，认为这是理所应当的，就像应得的薪水一样，并未因此在工作中表现得更加努力。考虑到这笔奖金达不到预期的激励作用，总经理决定停发这笔钱。但停发的结果出乎他的意料，公司上下几乎每一个员工都在抱怨，导致工作效率明显下降，甚至出现消极怠工的现象。总经理很困惑：为什么有奖金的时候，没有人会为此在工作上表现得积极主动，而取消奖金后，大家都不约而同地指责、抱怨甚至消极怠工呢？

问题：

（1）什么是激励？请列举管理学中的三种激励理论。

（2）运用相关的激励理论，解释案例中的现象。

全国高等教育自学考试
管理学原理模拟试卷（七）
参考答案

（课程代码　00054）

一、单项选择题

1. B　2. A　3. A　4. A　5. C　6. C　7. B　8. D
9. A　10. C　11. D　12. B　13. D　14. D　15. B

二、多项选择题

16. ABCE　17. ABCDE　18. ACE　19. ABCDE　20. ABCDE

三、判断说明题

21. ×　应把公共组织换为群众组织，公共组织是按组织的目标不同划分的类别。

22. √

23. ×　Y 理论的假设认为人们有积极的工作原动力。

24. √

25. √

四、简答题

26. 答：（1）管理者按所处层次的不同可以分为高层管理者、中层管理者和基层管理者。

（2）管理者按所从事管理工作的领域及专业不同，可以分为综合管理者和专业管理者。

27. 答：灵活性原理就是强调计划的灵活性越大，因未来意外事件引起损失的可能性就越小，两者是反比例关系。因此，在制订计划的过程中，要使计划具有适应性，做到量力而行，留有余地。而在执行时，则必须严格准确，要尽力而为，不留余地。

28. 答：（1）因事择人。（2）因才适用。（3）动态平衡。

29. 答：（1）管理人员的素质及领导风格。（2）下属的素质。（3）管理工作的复杂程度。（4）管理的规范性。（5）沟通和联络技术。（6）授权的程度。（7）空间距离的远近。（8）外部环境。

五、论述题

30. 答：（1）含义：

SWOT 分析是在外部环境与内部环境分析的基础上，将外部环境中的机会与威胁和内部的优势与劣势结合在一起的一种分析方法。SWOT 这几个字母分别代表的含义是优势（Strengths）、劣势（Weaknesses）、机会（Opportunities）和威胁（Threats）。

（2）基本步骤：

①分析组织的内部优势与劣势，既可以相对组织目标而言，也可以相对竞争对手而言。

②分析组织面临的外部机会与威胁，这些机会与威胁可能来自与竞争无关的外部环境因素的变化，也可能来自竞争对手力量与因素变化，或二者兼有，但关键性的外部机会与威胁应予以确认。

③将外部机会和威胁与组织内部优势和弱点进行匹配，形成可行的组织发展战略。

六、案例分析题

31. 答：（1）公司的组织结构图为：

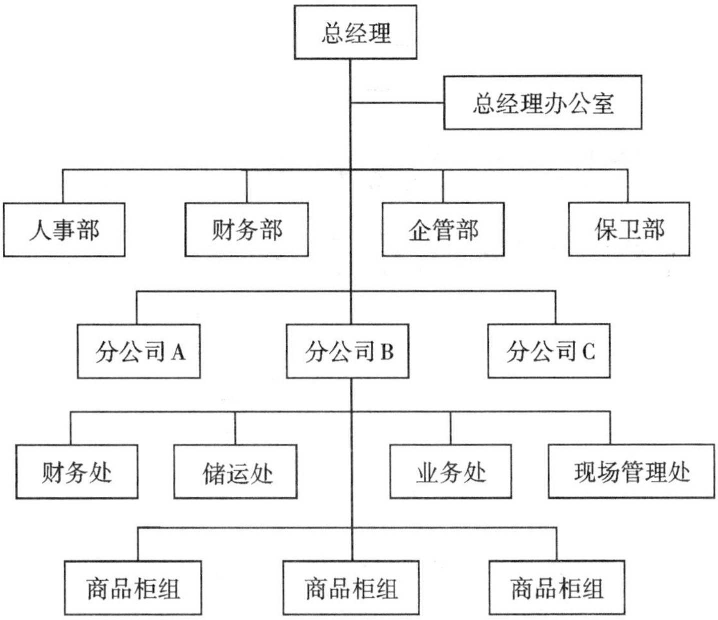

（2）该公司采用的是事业部制。事业部制的特点是集中决策，分散经营，即企业按产品、地区或经营部门分别设立若干事业部，负责产品设计、原料采购、产品制造、产品销售等事务，实行独立经营、单独核算。

32. 答：（1）激励是指激发人的需要与动机，引导行为指向目标的活动过程。简单而言就是调动人的积极性的过程。管理学中的三种激励理论分别为：内容型激励理论、过程型激励理论、行为改造型激励理论。

（2）案例中涉及内容型激励理论中的双因素理论：激励因素能够调动员工的积极性，保健因素能预防员工的不满。本题中，激励因素使用不当，转化为了保健因素。

全国高等教育自学考试
管理学原理模拟试卷（八）

（课程代码　00054）

第Ⅰ部分　选择题（25分）

一、单项选择题（本大题共15小题，每小题1分，共15分。在每小题列出的四个备选项中只有一个是符合题目要求的，请将其代码填写在题后的括号内。错选、多选或未选均无分。）

1. 管理工作的首要职能是（　　）。

A. 计划　　B. 组织
C. 控制　　D. 领导

2. 被称为“行政组织理论之父”的是（　　）。

A. 哈耶克　　B. 马克斯·韦伯
C. 恩格斯　　D. 马克思

3. SWOT模型中，“S”是指企业的（　　）。

A. 机会　　B. 威胁
C. 优势　　D. 劣势

4. 决策可以分为程序化决策和非程序化决策，这种分类方法的依据是（　　）。

A. 决策的性质　　B. 决策活动表现的形式
C. 决策的主体　　D. 决策的方法

5. 下列不属于总成本领先战略作用的是（　　）。

A. 对抗现有竞争对手的竞争威胁

B. 对抗现有替代竞争者的威胁

C. 帮助企业争取更大的市场份额

D. 扩大自身的人力资源使用成本，提高人力价值

6. 分权程度越大，则意味着（　　）。

A. 较低的管理层次做出的决策数量越少

B. 较低的管理层次担任的决策重要性越小

C. 较低的管理层次担任的决策影响面越小

D. 较低的管理层次所做决策上级审核越少

7. 下列各项中，不属于职位权力的是（　　）。

A. 法定权　　B. 专长权

C. 奖赏权　　D. 强制权

8. 菲德勒模式中的三个权变因素是（　　）。

A. 职位权力、工作结构、上下级关系

B. 职位权力、工作结构、领导者素质

C. 职位权力、下属素质、领导者素质

D. 职位权力、下属素质、工作结构

9. 要进行好控制工作，首先要（　　）。

A. 维持现状　　B. 打破现状

C. 开放平台　　D. 进行组织变革

10. 规定了一个具体问题应该按照怎样的时间顺序来进行处理的计划类型是（　　）。

A. 预算　　B. 规则

C. 程序　　D. 政策

11. 主要参照专家意见的决策方法是（　　）。

A. 德尔菲法　　B. 决策树法

C. 线性规划法　　D. 边际分析法

12. 全体成员满足程度最高的沟通形式是（　　）。

A. 链式　　B. 环式

C. Y 式　　D. 全通道式

13. 下列行为中，不属于企业承担社会责任表现的是（　　）。

A. 治理环境污染　　B. 救济贫困

C. 为顾客提供售后服务　　D. 开发新产品

14. 在其他因素不变的情况下，仅仅改变某些因素，就可以影响组织目标的实现程度。这些因素是指（　　）。

A. 相关因素　　B. 限定因素

C. 计划因素　　D. 预算因素

15. 根据赫茨伯格的双因素理论，工作成就、提升、奖金、责任感等因素是（　　）。

A. 保健因素　　B. 激励因素

C. 社交因素　　D. 安全因素

二、多项选择题（本大题共5小题，每小题2分，共10分。在每小题列出的五个备选项中至少有两个是符合题目要求的，请将其代码填写在题后的括号内。错选、多选、少选或未选均无分。）

16. 泰勒科学管理的主要内容包括（　　）。

A. 提出工作定额原理　　B. 配备“第一流的工人”

C. 提出标准化原理　　D. 实行有差别的计件工资制

E. 提出管理工作专业化原理

17. 影响管理幅度的因素有（　　）。

A. 外部环境　　B. 管理人员的素质

C. 管理工作的复杂程度　　D. 授权的程度

E. 组织的稳定性

18.“社会人”假设的基本观点包括（　　）。

A. 人寻求被尊重

B. 员工的士气愈高，劳动生产效率也就愈高

C. 员工的社会和心理需求应得到更大的重视

D. 人们的主导需求是物质的

E. 经济利益是人唯一的追求

19. 组织的一般环境因素包括（　　）。

A. 政治环境　　B. 社会环境

C. 经济环境　　D. 技术环境

E. 社区环境

20. 研究有关领导问题的理论有（　　）。

A. 领导特质理论　　B. 强化理论

C. 领导方式理论　　D. 领导权变理论

E. 需求层次理论

第Ⅱ部分　非选择题（75 分）

三、判断说明题（本大题共 5 小题，每小题 3 分，共 15 分。判断正确与否，正确的在括号内打√，不需说明理由，错误的在括号内打×，并说明理由。）

21. 管理产生于欲望有限性和资源无限性之间矛盾的协调。（　　）

22. 目标管理就是由组织的员工共同参与制订具体的、可行的且能够客观衡量效果的目标，在工作中进行自我控制，努力实现工作目标。（　　）

23. 独裁式领导将权力定位于每个职工手中。（　　）

24. 人员配备的主要任务是通过分析人与事的特点，谋求人与事的最佳组合，将合适的人放在合适的岗位上，实现人与事的不断发展。（　　）

25. 计划的内容可以概括为“5H1W”。（　　）

四、简答题（本大题共4小题，每小题5分，共20分。）

26. 简述管理者的技能。

27. 简述组织文化的功能。

28. 简述提高工作效率的途径。

29. 简述古典管理理论的主要特点。

五、论述题（本题 10 分）

30. 结合实际论述培育管理道德的途径。

六、案例分析题（本大题共2小题，每小题15分，共30分。）

31. 通过以下案例回答问题。

“注水肉”引起的思考

2009年2月18日，广州市“瘦肉精”事件中有70人中毒，此后不少人闻“瘦肉精”色变。

据有关媒体报道，国内较早的“注水肉”出现在广州。1985年广州放开生猪购销市场后，一下子出现了两千多家屠宰厂。个别企业和不法商人为了自身利益，就在猪、牛屠宰前往其胃里强灌大量的水，以增加毛重；或在屠宰后往动物心脏里强注大量的水，水通过微细血管迅速扩散到肉体，增加净重；也有的将肉浸在水里，以水冒充肉的重量，使水钱变成肉钱。这些企业和不法商人不仅在动物身上加水，还加入其他成分，如加入阿托品，以扩张血管，达到蓄水的目的；注入血水以使肉色变深，注入矾水以起收敛作用；等等。企业和不法商人的这些行为给消费者的健康造成了极大的危害。

近年来，南京冠生园的月饼“陈馅事件”，乳品业的“三聚氢胺”事件，阜阳的“奶粉事件”等，均表明个别企业为了经济利益，置消费者利益于不顾，无视企业的社会责任，急功近利，竭泽而渔，其结果不仅导致企业信誉的丧失，品牌形象的倒塌，更严重的是，使消费者的权益受到侵害，消费信心受挫，相关行业的发展也受到影响。

问题：

（1）通过案例中的事件，你认为什么是企业的社会责任？

（2）为什么要履行社会责任？

（3）如果你是企业的管理者，你认为企业应如何履行社会责任？

32. 请根据下列案例回答问题。

滚动计划让S公司插上成功的翅膀

S公司是中国东部地区的一家企业，原有的计划管理水平低下，粗放管理特征显著，计划管理与公司实际运营情况长期脱节。为实现企业计划制订与计划执行的良性互动，在管理咨询公司顾问的参与下，S公司开始推行全面滚动计划管理。

首先，S公司以全面协同量化指标为基础，将各年度计划分解为四个独立的、相对完整的季度计划，并将其与年度计划紧密衔接。在这个过程中，S公司充分运用了动态管理的方法，即在公司年度计划执行过程中要对计划本身进行三次定期调整：一是在第一季度的计划执行完毕后，对计划执行情况与原计划进行比较分析，同时研究、判断企业近期内外环境的变化情况，根据得出的结论对后三个季度计划和全年计划进行相应调整；二是在第二季度的计划执行完毕后，使用同样的方法对后两个季度的计划和全年计划进行相应调整；三是在第三季度的计划执行完毕后，仍然采取同样方法对最后一个季度的计划和全年计划进行调整。

同样的，公司根据近细远粗、依次滚动的原则又制定季度计划，即每年年初都要制定一套繁简不一的四季度计划：第一季度的计划率先做到完全量化，计划的执行者只要拿到计划文本就可以一一遵照执行。第二季度的计划要至少做到50%的内容实现量化；第三季度的计划也要至少使20%的内容实现量化；第四季度的计划只要做到定性即可。同时，在计划的具体执行过程中对各季度计划进行定期滚动管理——第一季度的计划执行完毕后，将第二季度的计划滚动到原第一季度计划的位置并细化到至少量化50%内容的水平，依次类推。第二季度或第三季度计划执行完毕时，按照相同原则将后续季度计划的周期即时开始，如此周而复始，循环往复。

其次，S公司以全面协同量化指标为基础建立了三年期的跨年度计划管理模式，并将其与年度计划紧密对接。跨年度计划的执行和季度滚动计划的思路一致。

这样，公司就将季度计划、年度计划、跨年度计划环环相扣，前后呼应，形成独具特色的企业计划管理体系，极大地促进了企业计划制订和计划执行相辅相成的功效，明显提升了企业计划管理、分析预测的水平，为企业整体效益的提高奠定了坚实的基础。

问题：

（1）什么是滚动计划法？有何特点？

（2）结合S公司的情况，分析滚动计划法的优点。

全国高等教育自学考试
管理学原理模拟试卷（八）
参考答案

（课程代码　00054）

一、单项选择题

1. B　2. A　3. A　4. A　5. C　6. C　7. B　8. D
9. A　10. C　11. D　12. B　13. D　14. D　15. B

二、多项选择题

16. ABCDE　17. ABCD　18. ABC　19. ABCD　20. ACD

三、判断说明题

21. ×　管理产生于欲望无限性和资源有限性之间矛盾的协调。

22. √

23. ×　民主式领导将权力交给群体。

24. √

25. ×　计划的内容可以概括为"5W1H"。

四、简答题

26. 答：管理者需要具备的技能有：

（1）技术技能，是指使用某一专业领域的程序、技术、知识和方法完成组织任务的能力。

（2）人际技能，是指与处理人际关系有关的技能，即理解、激励他人并与他人共事的能力。

（3）概念技能，是指纵观全局，洞察企业与环境要素间相互影响和作用的能力。

（4）（结合实际展开分析。）

27. 答：（1）导向功能。（2）凝聚功能。（3）激励功能。（4）调适功能。（5）辐射功能。

28. 答：（1）恪守职责，各尽其能，凡事不能包揽。

（2）任何工作都要问三个“能不能”。

（3）总结经验教训。

（4）善于运筹时间。

29. 答：（1）以提高生产率为主要目标。

（2）以科学求实的态度进行调查研究。

（3）强调以个人为研究对象，重视个人积极性的发挥。

（4）强调规章制度的作用。

五、论述题

30. 答：（1）挑选高道德素质的管理者。

（2）做好管理道德的教育工作。

（3）提炼规范管理道德准则。

（4）将管理道德行为列入岗位考核内容。

（5）提供正式的保护机制。

六、案例分析题

31. 答：（1）社会责任是指组织在遵守、维护和改善社会秩序、保护增加社会福利等方面所承担的职责和义务。社会责任是企业管理道德的要求，完全是企业出于义务的自愿行为。

（2）可以为企业赢得社会的好评与信任；可以促进企业不断改善内部管理，规范企业行为；可以督促企业主动协调与公众的关系，为生产经营活动创造和谐环境。

（3）企业的社会责任涉及多个方面，如提供就业机会，资助社会公益事业，保护生态环境，对股东、交易伙伴、消费者等利益相关者负有特定责任，认真履行有关法令和政策规定，等等。

32. 答：（1）滚动计划法是一种定期修订未来计划的方法，它是按照计划的执行情况和环境变化，调整和修订未来的计划，并逐期向前移动的一种计划方法。

（2）一是可以把计划期内各阶段以及下一个时期的预先安排有机地衔接起来，而且定期调整补充，从而从方法上解决了各阶段计划的衔接问题，使计划更符合实际。

二是较好地解决了计划的相对稳定性和实际情况的多变性这一矛盾，使计划更好地发挥其指导生产实际的作用。

全国高等教育自学考试
管理学原理模拟试卷（九）

（课程代码　00054）

第Ⅰ部分　选择题（25分）

一、单项选择题（本大题共15小题，每小题1分，共15分。在每小题列出的四个备选项中只有一个是符合题目要求的，请将其代码填写在题后的括号内。错选、多选或未选均无分。）

1. 生产车间的班组长、医院内科的护士长属于组织的（　　）。

A. 高层管理者　　B. 中层管理者
C. 低层管理者　　D. 综合管理者

2. 提出“经济人”观点的是（　　）。

A. 亚当·斯密　　B. 梅奥
C. 西蒙　　D. 亨利·法约尔

3. 我国提出的“一带一路”倡议为企业创造了新的机遇。对企业而言，这一倡议属于外部环境因素中的（　　）。

A. 政治因素　　B. 经济因素
C. 社会因素　　D. 技术因素

4. 管理道德会随着管理的变化和发展而不断改变自己的内容和形式。这反映了管理道德的（　　）。

A. 普遍性　　B. 特殊性
C. 非强制性　　D. 典型试验

5. 从各种可供选择的方案中，权衡利弊，选择其一。这是决策程序中的（　　）。

A. 确定目标　　B. 拟定可行方案

C. 方案选优　　D. 典型试验

6. 指明组织机构在社会上应起的作用和所处的地位的计划类型是（　　）。

A. 战略　　B. 程序

C. 规则　　D. 宗旨

7. 在组织规模一定的条件下，管理层次与管理幅度是（　　）。

A. 正比关系　　B. 反比关系

C. 同比关系　　D. 无关系

8. 职能部门对业务部门所拥有的职权是（　　）。

A. 直线权　　B. 职能权

C. 个人影响力　　D. 参谋权

9. “人尽其才，物尽其用”。这体现了人员配备的（　　）。

A. 因事择人原则　　B. 因才适用原则

C. 动态平衡原则　　D. 专业化分工原则

10. 在组织变革中，权力与利益等资源在组织成员之间的重新分配属于（　　）。

A. 人事变革　　B. 技术变革

C. 变革　　D. 文化变革

11. 拥有较多专门知识和特殊技能的领导往往会赢得人们的尊敬，并产生一定的影响力。这种影响力源于（　　）。

A. 法定权　　B. 奖赏权

C. 强制权　　D. 专长权

12. 激励过程的起点是（　　）。

A. 需要　　B. 动机

C. 行为　　D. 目标

13. 按照双因素理论，以下属于激励因素的（　　）。

A. 监督方式　　B. 工作条件

C. 工作成就　　D. 安全

14. 企业设置员工意见箱、信访日等属于（　　）。

A. 下行沟通　　B. 上行沟通

C. 平行沟通　　D. 斜向沟通

15. 为了生产出高质量的产品而对原材料进行入库检查。这种控制属于（　　）。

A. 反馈控制　　B. 现场控制

C. 前馈控制　　D. 直接控制

二、多项选择题（本大题共5小题，每小题2分，共10分。在每小题列出的五个备选项中至少有两个是符合题目要求的，请将其代码填写在题后的括号内。错选、多选、少选或未选均无分。）

16. 影响决策的因素主要有（　　）。

A. 环境因素　　B. 组织文化

C. 决策者的个人因素　　D. 时间因素

E. 过去的决策

17. 计划工作的主要原理有（　　）。

A. 限定因素原理　　B. 许诺原理

C. 稳定性原理　　D. 灵活性原理

E. 改变航道原理

18. 部门划分的标准有（　　）。

A. 职能　　B. 产品

C. 地区　　D. 顾客

E. 流程

19. 沟通网络的形态包括（　　）。

A. 链式沟通　　B. 轮式沟通

C. Y式沟通　　D. 环式沟通

E. 全通道式沟通

20. 控制的过程包括（　　）。

A. 确立标准　　B. 信息采集

C. 衡量绩效　　D. 纠正偏差

E. 及时反馈

第Ⅱ部分　非选择题（75分）

三、判断说明题（本大题共5小题，每小题3分，共15分。判断正确与否，正确的在括号内打√，不需说明理由，错误的在括号内打×，并说明理由。）

21. 科学管理研究的核心是提高员工的满意度。（　　）

22. 管理的实质是协调。（　　）

23. 组织的扁平结构属于集权型结构。（　　）

24. 激励就是调动人的积极性的过程。（　　）

25. 马斯洛认为人类最原始的需要是安全需要。（　　）

四、简答题（本大题共4小题，每小题5分，共20分。）

26. 简述管理者应具备的三项技能。

27. 简述组织文化的功能。

28. 简述决策的原则。

29. 简述全面质量管理的特点。

五、论述题：本题10分。

30. 结合实际论述培育管理道德的途径。

六、案例分析题（本大题共2小题，每小题15分，共30分。）

31. 随着我国加入WTO，我国企业面临新的机遇和挑战。某国有大型企业为了适应来自国内外的竞争，以及企业长期健康发展，认识到要转变观念，加快建立现代企业制度的步伐，同时需要苦练内功提高自身管理水平，其中，培训是先导。过去，企业搞过不少培训，但基本上是临时聘请几个知名专家，采用所有员工参加、上大课的培训方式，培训过程疏于控制。培训过后，有人认为在工作中有用，有人认为没有什么用，想学的没有学到，也有人反映培训方式太单一，没有结合工作实际，等等。

如果你是公司负责人力资源管理工作的副总经理，你该如何管理公司的培训工作？

32. 张经理是公司的人力资源部负责人，近一段时间他却烦恼不断，他所看重的两位业务骨干都要离职。例如小黄离职的主要原因是他认为自己现在所做的贡献远大于回报，而事实的确如此。小黄的一位同学在另一家公司相似职位的收入比自己高得多。而公司则认为这两位业务骨干所取得的成绩是因为有公司做后盾，离了公司他们什么也不是，又怎么会有作为。由于公司经理不让步，相持之下两人都离开了。

（1）对于这种情况，哪种激励理论可以较恰当地给予解释？试述该理论。

（2）作为管理者，应该怎么做才能避免类似的情况发生？

全国高等教育自学考试
管理学原理模拟试卷（九）
参考答案

（课程代码 00054）

一、单项选择题

1. C　2. A　3. A　4. D　5. C　6. D　7. B　8. B
9. B　10. A　11. D　12. A　13. C　14. B　15. C

二、多项选择题

16. ABCDE　17. ABDE　18. ABCDE　19. ABCDE　20. ACD

三、判断说明题

21. × 科学管理研究的核心是如何提高劳动生产率。

22. √

23. × 组织的扁平结构属于分权型结构。

24. √

25. × 马斯洛认为人类最原始的需要是生理需要。

四、简答题

26. 答：管理者需要具备：

（1）技术技能，是指使用某一专业领域的程序、技术、知识和方法完成组织任务的能力。

（2）人际技能，是指与处理人际关系有关的技能，即理解、激励他人并与他人共事的能力。

（3）概念技能，是指纵观全局，洞察企业与环境要素间相互影响和作用的能力。

（4）（结合实际展开分析。）

27. 答：（1）导向功能。（2）凝聚功能。（3）激励功能。（4）调适功能。（5）辐射功能。

28. 答：（1）信息原则。（2）预测原则。（3）可行性原则。（4）系统原则。（5）对比择优原则。（6）反馈原则。

29. 答：（1）管理的对象是全面的。

（2）质量管理过程和范围是全面的。

（3）参加质量管理的人员是全面的。

（4）管理质量的方法是全面的。

五、论述题：

30. 答：（1）挑选高道德素质的管理者。

（2）做好管理道德的教育工作。

（3）提炼规范管理道德准则。

（4）将管理道德行为列入岗位考核内容。

（5）提供正式的保护机制。

六、案例分析题

31. 答：（1）虽然企业认识到了培训是先导的重要性，但正如案例中所显示的企业在培训方面还存在许多问题，如培训内容和方法的单调单一、培训过程控制和培训效果评估不够等。

（2）针对案例中的问题，应采取的措施有：首先要对培训工作进行管理；其次要确保培训内容的多样性，培训内容应包括政治思想教育、业务知识和管理能力等方面的内容；最后要采用多种培训方法，包括系统的理论培训、职务轮换、参观考察等。

（3）总之，在培训过程中，一般要着重解决以下问题：培训工作要与企业目标相结合；上级管理者要支持和参与培训工作；选择和培训好教员；培训内容要有针对性；培训方法要与培训对象和培训内容相结合；理论和实践要相结合。

32. 答：（1）该案例反映的是公平理论的应用情况。激励公平理论认为，员工不是在真空中进行工作，他们总是在进行纵向和横向的比较，比较的结果对于他们在工作中的努力程度有影响。横向的比较就是将自己与他人相比较来判断自己所获报酬的公平性。纵向的比较就是将自己目前的情况与过去进行比较。

组织成员不仅关心从自己的工作努力中得到的绝对报酬，而且还关心自己的报酬与他人报酬的关系。然后根据不同的公平感觉，对自己的行为进行调整以达到心理上的平衡。

（2）从案例上看，两位业务骨干已经产生了不公平感觉。当员工对组织的薪酬制度感觉到不公平时，他可能会要求增加报酬，或者通过减少自己的付出以达到心理上的平衡。因此，管理者应科学合理地制定薪酬制度和激励措施，并按成员的贡献度来给予报酬，做到公平公正。

全国高等教育自学考试
管理学原理模拟试卷（十）

（课程代码　00054）

第Ⅰ部分　选择题（25 分）

一、单项选择题（本大题共 15 小题，每小题 1 分，共 15 分。在每小题列出的四个备选项中只有一个是符合题目要求的，请将其代码填写在题后的括号内。错选、多选或未选均无分。）

1. 管理的首要职能是（　　）。

A. 计划　　B. 组织

C. 领导　　D. 控制

2. 梅奥的人际关系学说属于（　　）。

A. 行为科学理论　　B. 科学管理理论

C. 一般管理理论　　D. 权变管理理论

3. 电子产品的更新换代速度越来越快，电子企业面临的环境不确定性越来越高，该环境形式的特点是（　　）。

A. 简单稳定　　B. 复杂稳定

C. 简单动态　　D. 复杂动态

4. 企业的生产决策、存货决策、销售决策等属于（　　）。

A. 战略决策　　B. 业务决策

C. 战术决策　　D. 非常规决策

5. 道德发展的最低层次是（　　）。

A. 惯例层　　B. 前惯例层

C. 原则层　　D. 规范层

6. 使计划数字化的工作被称为（　　）。

A. 规则　　B. 预算

C. 战略　　D. 政策

7. 企业设有生产、研发、人力资源、财务等部门。这种部门划分依据是（　　）。

A. 职能　　B. 时间

C. 人数　　D. 地区

8. 下列组织结构中分权程度最高的是（　　）。

A. 直线制　　B. 事业部制

C. 矩阵制　　D. 直线职能制

9. 人员配备由一系列活动组成，其中第一项活动是（　　）。

A. 人力资源计划　　B. 工作分析

C. 培训与发展　　D. 绩效考核

10. 某手机公司根据市场需求，增加了手机的拍照、GPS 定位等功能。从组织变革角度讲，该公司的做法属于（　　）。

A. 结构变革　　B. 技术变革

C. 人员变革　　D. 文化变革

11. 依据领导生命周期理论，适合于低成熟度员工的领导方式是（　　）。

A. 说服型　　B. 参与型

C. 授权型　　D. 命令型

12. 煤矿企业增加了防尘、除硫、通风设备，减少了事故发生的可能性，这能更好地满足职工的（　　）。

A. 生理需要　　B. 安全需要

C. 尊重需要　　D. 自我实现需要

13. 能够快速传递、快速反馈、信息量大的沟通方式是（　　）。

A. 书面沟通　　B. 非语言沟通

C. 口头沟通　　D. 上行沟通

14. 根据双因素理论，工资福利属于（　　）。

A. 积极因素　　B. 消极因素

C．保健因素　　D．激励因素

15．企业依据不合格产品的质量问题，提出了改进措施。从控制的角度看，企业该行为属于（　　）。

A．同期控制　　B．适时控制

C．反馈控制　　D．前馈控制

二、多项选择题（本大题共5小题，每小题2分，共10分。在每小题列出的五个备选项中至少有两个是符合题目要求的，请将其代码填写在题后的括号内。错选、多选、少选或未选均无分。）

16．下列属于高层管理者的有（　　）。

A．董事长　　B．首席执行官

C．总经理　　D．项目经理

E．车间主任

17．组织环境的特点有（　　）。

A．客观性　　B．复杂性

C．关联性　　D．确定性

E．层次性

18．计划工作的主要原理有（　　）。

A．限定因素原理　　B．许诺原理

C．灵活性原理　　D．改变航道原理

E．特殊性原理

19．下列属于经济人假设的观点有（　　）。

A．人能够自我管理

B．人是愿意承担责任的

C．人是由经济诱因引发工作动机的

D．人总是企图用最小投入取得满意的报酬

E．人总是被动地在组织的控制下从事工作

20．常见的下行沟通有（　　）。

A．汇报会　　B．命令

C．会议纪要　　D．年度报告

E．政策陈述

第Ⅱ部分　非选择题（75分）

三、判断说明题（本大题共5小题，每小题3分，共15分。判断正确与否，正确的在括号内打√，不需说明理由，错误的在括号内打×，并说明理由。）

21. 科学管理研究的核心是提高员工的满意度。（　　）

22. 组织文化反映一个组织的精神风貌，决定着组织内在的凝聚力。（　　）

23. 内部提升往往比外部招聘选择余地大，因此更容易招聘到一流人才。（　　）

24. 依据双因素理论的观点，保健因素能起到很大的激励作用。（　　）

25. 前馈控制在本质上有预防的作用。（　　）

四、简答题（本大题共4小题，每小题5分，共20分。）

26. 简述企业社会责任的具体体现。

27. 简述计划的基本特点。

28. 简述组织变革的方式。

29. 简述双向沟通的含义及其适用情况。

五、论述题（本题 10 分）

30. 举例说明激励的作用。

六、案例分析题（本大题共 2 小题，每小题 15 分，共 30 分。）

31. 某企业一直生产 A 产品，市场销路很好。2012 年以来，市场环境发生变化，A 产品出现滞销，销售收入明显下降，员工积极性受到影响。该厂厂长认为环保产品市场销路不错，于是果断决定转产该类产品。经过一年的努力，企业经营状况没有明显好转。2014 年以来，市场形势又发生了变化，A 产品的市场需求大幅增加，原有用户纷纷来电希望该企业能尽快恢复 A 产品的生产。与此同时，环保产品的销路出现下滑。在这种情况下，厂长又自作主张决定重新生产 A 产品，但 A 产品的质量和数量都无法在短时间达到理想水平，销售也受到影响。员工对这种状况议论纷纷，厂长感到压力很大。

问题：

（1）该厂长的决策受到哪些因素的影响？结合案例简要说明。

（2）结合案例阐述决策应该遵循的原则。

32. 王平是H公司的副总经理，在业务上知识渊博，经验丰富，对生产极为关心，注重工作成果。同时，他待人热情，关心下属；对工作不够主动的员工，不会横加指责和批评，而是主动引导，并帮助员工解决工作中的实际问题。这一切赢得了大家的尊敬和认可。员工们在王平的影响下，士气高昂，工作积极主动，注重团队协作，能够圆满完成公司的各项任务。

问题：

（1）依据管理方格理论，王平采取了哪种领导方式？这种领导方式的特点是什么？

（2）领导者影响力的来源有哪些？王平影响力的来源是什么？

全国高等教育自学考试
管理学原理模拟试卷（十）
参考答案

（课程代码　00054）

一、单项选择题

1. A　2. A　3. D　4. B　5. B　6. B　7. A　8. B
9. A　10. B　11. D　12. B　13. C　14. C　15. C

二、多项选择题

16. ABC　17. ABCE　18. ABCD　19. CDE　20. BCDE

三、判断说明题

21. ×　科学管理研究的核心是如何提高劳动生产率。

22. √

23. ×　外部招聘往往比内部提升选择余地大，容易招聘到一流人才。

24. ×　依据双因素理论的观点，激励因素能起到很大的激励作用。（或依据双因素理论的观点，保健因素能够预防员工的不满）

25. √

四、简答题

26. 答：（1）对雇员的责任。（2）对顾客的责任。（3）对竞争对手的责任。（4）对环境的责任。（5）对社会发展的责任。

27. 答：（1）目的性。（2）首位性。（3）普遍性。（4）适应性。（5）经济性。

28. 答：（1）渐进式变革。

（2）激进式变革。

29. 答：双向沟通是指有反馈的沟通，即信息发送者和接收者之间相互进行信息交流的沟通。

适用情况：

（1）时间比较充裕，但问题比较棘手。

（2）下属对解决方案的接受程度至关重要。

（3）下属能提供有价值的信息和建议。

（4）上级习惯于双向沟通，并且能够有建设性地处理反馈意见。

五、论述题

30. 答：（1）通过激励可以把有才能的、组织需要的人吸引过来。

（2）通过激励，可以使已经在职的职工充分发挥其技术和才能，保证工作的有效性和效率。

（3）通过激励，可以进一步激发员工的创造性和革新精神，大大提高工作绩效。

（4）（适当举例说明即可得分。）

六、案例分析题

31. 答：（1）该厂长的决策受到的影响因素有：

①环境因素。市场环境发生变化，环保产品市场前景看好。

②时间因素。2012 年、2014 年，不同时间，产品市场需求有变化。

③个人因素。厂长个人战略眼光、工作作风和个性特征等的影响。

（2）决策应遵循的原则有：

①信息原则。

②预测原则。

③可行性原则。

④系统原则。

⑤对比择优原则。

⑥反馈原则。

32. 答：（1）王平采用了团队型（9.9 型）管理方式。

这种领导方式的特点是：对职工和生产都极为关心，注意使职工了解组织的目标，关心工作的成果，努力使职工个人的需要和组织的目标最有效地结合起来。

（2）领导影响力来源主要有：

①法定权。②奖赏权。③强制权。④专长权。⑤个人影响力。

王平的影响力既来源于组织赋予的法定权、奖赏权和强制权，又有他个人的专长权和个人影响力。

全国高等教育自学考试
管理学原理模拟试卷（十一）

（课程代码　00054）

第Ⅰ部分　选择题（25 分）

一、单项选择题（本大题共 15 小题，每小题 1 分，共 15 分。在每小题列出的四个备选项中只有一个是符合题目要求的，请将其代码填写在题后的括号内。错选、多选或未选均无分。）

1.“经营管理之父”是（　　）。

A. 泰勒　　B. 法约尔

C. 西蒙　　D. 韦伯

2. 经济结构、产业布局和经济发展水平属于宏观环境因素中的（　　）。

A. 社会环境　　B. 政治环境

C. 经济环境　　D. 技术环境

3. 决策的起点是（　　）。

A. 识别机会　　B. 确定目标

C. 拟订方案　　D. 典型试验

4. 采用背对背的方式征询专家的决策意见，在多次反馈基础上做出选择的决策方法是（　　）。

A. 头脑风暴法　　B. 名义群体法

C. 电子会议法　　D. 德尔菲法

5. 计划的总目标不变，但实现目标的进程可因情况的变化而变化，这是计划工作的（　　）。

A. 改变航道原理　　B. 限定因素原理

C. 许诺原理　　D. 灵活性原理

6. “天天低价，天天沃尔玛”体现的是下列哪种战略的核心思想？（　　）

A. 集中战略　　B. 总成本领先战略

C. 分散战略　　D. 差别化战略

7. 某服装企业将其部门划分为儿童市场部、老年市场部、青年市场部等。其划分标准是（　　）。

A. 产品　　B. 地区

C. 顾客　　D. 职能

8。每个成员都是多面手，群体中有分工，但更强调合作的组织结构是（　　）。

A. 直线制　　B. 事业部制

C. 委员会制　　D. 团队结构

9. 企业对新员工进行的导向性培训是（　　）。

A. 脱产培训　　B. 岗前培训

C. 职业培训　　D. 在职培训

10. 百年老字号同仁堂曾经在全国范围招聘总经理，任职条件涉及心理、性格、知识、能力等多方面。这依据的是下列哪种理论的观点

（　　）。

A. 领导权变理论　　B. 领导行为理论

C. 领导特质理论　　D. 人性假设理论

11. 假设人们有消极的工作原动力的是（　　）。

A. Y 理论　　B. Z 理论

C. 超 Y 理论　　D. X 理论

12. 小王因销售业绩突出，获得 3 万元年终奖，依据激励的强化理论，这属于（　　）。

A. 惩罚　　B. 自然消退

C. 正强化　　D. 负强化

13. 沟通中“得理让人、态度宽容、谦让得体”等体现了沟通的（　　）。

A. 相容原则　　B. 尊重原则

C. 理解原则　　D. 效率原则

14. H 公司的技术部、采购部、销售部相互之间交换意见、互通信息，这属于沟通中的（　　）。

A. 下行沟通　　B. 斜向沟通

C. 上行沟通　　D. 平行沟通

15. 生产部门主管深入生产现场检查和指导下属的工作属于（　　）。

A. 前馈控制　　B. 现场控制

C. 反馈控制　　D. 成果控制

二、多项选择题（本大题共5小题，每小题2分，共10分。在每小题列出的五个备选项中至少有两个是符合题目要求的，请将其代码填写在题后的括号内。错选、多选、少选或未选均无分。）

16. 下列对管理含义表述正确的有（　　）。

A. 管理的载体是组织

B. 管理的目的是实现组织目标

C. 管理是由一系列活动构成的

D. 管理是一个追求有效的过程

E. 管理的实质是协调

17. 计划的基本特点有（　　）。

A. 目的性　　B. 首位性

C. 普遍性　　D. 适应性

E. 经济性

18. 垂直型组织结构的优点有（　　）。

A. 可以严密监督控制　　B. 能体现上级意图

C. 管理费用低　　D. 信息传递渠道长

E. 组织的稳定性高

19. 领导者影响力的来源有职位权力与个人权力，下列属于职位权力的是（　　）。

A. 法定权　　B. 奖赏权

C. 强制权　　D. 专长权

E. 个人影响力

20. 语言沟通包括（　　）。

A. 体态语言　　B. 口头沟通

C. 电子媒介沟通　　D. 书面沟通

E. 语调

第Ⅱ部分 非选择题（75分）

三、判断说明题（本大题共5小题，每小题3分，共15分。判断正确与否，正确的在括号内打√，不需说明理由，错误的在括号内打×，并说明理由。）

21. 科学管理的目标是提高劳动生产率。（ ）

22. 管理道德是管理者的行为准则与规范的总和。（ ）

23. 战术计划是为组织设立总体的较为长期的目标。（ ）

24. 组织是人们为了实现共同的目标而组成的有机整体。（ ）

25. 控制一般是针对管理过程中的某些环节。（ ）

四、简答题（本大题共4小题，每小题5分，共20分。）

26. 简述目标管理的特点。

27. 简述组织设计的含义。

28. 简述沟通的特点。

29. 简述有效控制的原则。

五、论述题（本题 10 分）

30. 举例论述领导者的重要作用。

六、案例分析题（本大题共 2 小题，每小题 15 分，共 30 分。）

31. 新华公司成立初期，由于产品单一、规模较小，采用直线职能制结构，这种结构适合公司当时的规模。随着企业的不断发展，其经营规模不断扩大，企业外部环境也发生了较大变化，市场竞争日趋激烈。为了适应环境的变化，公司对经营战略进行了必要的调整，引进了先进的设备和技术，招聘了高学历的员工，产品也从单一化向多元化方向发展，直线职能制组织结构已不适应公司的发展需要了。

针对这种情况，公司决定对现有组织结构进行变革。经过咨询研究，决定实行事业部制，即依据产品设立若干事业部，各事业部对产品的开发、生产、销售等经营活动全权负责，总公司只保留重大人事决策和战略决策等权力。

问题：

（1）什么是组织结构？导致该公司组织变革的原因是什么？

（2）什么是事业部制组织结构？结合案例分析其特点。

32. 李欣是一家IT公司的员工，在公司已经工作了5年，其间，他从普通编程员升到资深的编程分析员。李欣对自己所服务的公司相当满意，无论是工作职位还是收入，都使他感到有成就感，同时，创造性的工作也对他产生了很强的吸引力。

一次偶然的机会，李欣得知他所在部门新来的一位大学毕业的编程人员起薪仅比他现在的工资少100元时，他郁闷了。一天早班后，他找到了人事部主任江林，问是否有这样的事，江林略带歉意地告诉李欣确有此事并解释说："编程人员非常短缺，为使公司能吸引合格的编程人员，我们不得不提供较高的起薪。"李欣问能否相应地调高他的工资时，江林回答："你的工资需按照正常的绩效评估时间评定后再调整。你干得不错，我相信经理到时会给你提薪的。"得到这样的答复后，李欣对公司这种做法感到困惑。

问题：

（1）简述公平理论的基本观点并用此解释李欣的困惑。

（2）你认为该公司的管理者应该如何做才能尽可能消除李欣的困惑？

全国高等教育自学考试
管理学原理模拟试卷（十一）
参考答案

（课程代码　00054）

一、单项选择题

1. B　2. C　3. A　4. D　5. A　6. B　7. C　8. D
9. B　10. C　11. D　12. C　13. A　14. D　15. B

二、多项选择题

16. ABCDE　17. ABCDE　18. ABE　19. ABC　20. BCD

三、判断说明题

21. √

22. √

23. ×　战略计划是为组织设立总体的较为长期的目标。（或战术计划是为了服从、实行战略计划而制定的计划。）

24. √

25. ×　控制是贯穿于整个管理过程。

四、简答题

26. 答：（1）员工参与管理。

（2）以自我管理为中心。

（3）强调自我评价。

（4）重视成果。

27. 答：组织设计就是根据组织目标对组织的结构和活动进行筹划和考虑。

（1）根据任务和目标的要求，进行职能与职务的分析，设计组织机构。

（2）进行部门设计和层级设计，划分各机构间的上下左右关系、职责权限和分工协作范围。

（3）建立机构间的工作流程和沟通渠道。

（4）制定一定的政策方针和措施使机构有序运转。

28. 答：（1）心理因素对沟通的影响很大。

（2）沟通既是信息传递过程，又是感情交流过程。

（3）沟通主要以语言为载体。

（4）在人际沟通过程中会出现沟通障碍。

29. 答：（1）及时性原则。（2）适度性原则。（3）重点原则。（4）经济性原则。（5）客观性原则。（6）弹性原则。

五、论述题

30. 答：（1）协调作用。（2）指挥作用。（3）激励作用。

（每点适当展开 2 分，举例 2 分，观点接近，可酌情给分。）

六、案例分析题

31. 答：（1）组织结构是指组织的基本架构，是对完成组织目标的人员、工作、技术和信息所做的制度性安排。

公司组织变革是外因和内因共同作用的结果：

①外因：外部环境的变化和市场竞争的激烈。

②内因：战略的调整、设备引进和技术变化、员工受教育程度的提高、组织规模和范围扩大等。

（2）事业部制组织结构也称为“斯隆模型”“联邦分权制”，是在一个企业内对具有独立产品市场、独立责任和利益的部门实行分权管理的一种组织结构形式。

其基本特点是集中决策、分散经营。

（结合案例适当展开 3 分。观点接近，可酌情给分。）

32. 答：（1）美国心理学家亚当·斯密的公平理论主要研究报酬的公平性对人们工作积极性的影响。

公平理论认为：员工首先思考自己收入与付出的比率，然后将自己的收入付出比与相关他人的收入付出比进行比较，如果感觉到自己的比率与他人相同则为公平状态，否则就会产生不公平感觉。

李欣通过将自己现有的收入和付出与新入职人员的收入和付出进行比较，由此产生了不公平的感觉。

（2）依据公平理论对管理的启示，该公司的管理者需要注意以下几点：

①用报酬或奖赏激励员工时，一定要使员工感到公平和合理。

②应注意横向比较，以免员工由于感觉不公平而离职。

③应善于识别个人主观上的认识偏差，进行必要的解释说明，以利于个人和组织的发展。

第二编
近年自考试题汇编

2017年10月全国高等教育自学考试
管理学原理模拟试卷

（课程代码　00054）

第Ⅰ部分　选择题（25分）

一、单项选择题（本大题共15小题，每小题1分，共15分。在每小题列出的四个备选项中只有一个是符合题目要求的，请将其代码填写在题后的括号内。错选、多选或未选均无分。）

1. 一般来说，部门经理、科室主任属于组织的（　　）。

A. 高层管理者　　B. 中层管理者

C. 基层管理者　　D. 执行人员

2. 最早提出管理十四条原则的是（　　）。

A. 西蒙　　B. 泰勒

C. 法约尔　　D. 韦伯

3. 标准挂衣架制造商所处的环境变化相对较小，不确定性也低，这种环境属于（　　）。

A. 简单和稳定的环境　　B. 复杂和稳定的环境

C. 复杂和动态的环境　　D. 简单和动态的环境

4. 随着人们生活水平的不断提高，家庭收入中储蓄占的比例不断增加，这属于外部环境的（　　）。

A. 政治因素　　B. 经济因素

C. 社会因素　　D. 技术因素

5. 所有组织的管理活动应当遵守管理道德的原则和要求。这体现了管理道德的（　　）。

A. 普遍性　　B. 特殊性

C. 强制性。　　D. 变动性

6. 采用背对背的通信方式，经过多轮征询使意见趋于集中的决策方法是（　　）。

A. 名义群体法　　B. 头脑风暴法

C. 德尔菲法　　D. 风险性决策法

7. 某公司在年初的工作会议上，提出力争在本年度实现利润 2 000 万元。这属于计划层次中的（　　）。

A. 程序　　B. 宗旨

C. 规划　　D. 目标

8. 计划工作程序的第一步是（　　）。

A. 确定目标　　B. 评估机会

C. 编制预算　　D. 制订派生计划

9. 一家超市设有日用品、食品、服装等部门，其部门划分的依据是（　　）。

A. 职能　　B. 产品

C. 区域　　D. 顾客

10. 王鹏原在公司营销部担任主管，后又分别到市场部、生产部担任主管。从培训角度讲这属于管理者的（　　）。

A. 提升　　B. 脱产培训

C. 工作轮换　　D. 岗前培训

11. 老李专业技术过硬，得到了大家的认可，由此产生了一定的影响力。这种影响力来源于（　　）。

A. 奖赏权　　B. 强制权

C. 专长权　　D. 法定权

12. 依据下属的成熟度选择领导方式的理论是（　　）。

A. 领导特质理论　　B. 菲德勒的权变理论

C. 领导方式理论　　D. 领导生命周期理论

13. 小林参加工作后表现出色，很快就被委以重任，成为项目负责人。依据双因素理论的观点，这种激励属于激励因素中的（　　）。

A. 工作条件　　B. 工资福利

C. 监督方式　　D. 提升

14. 传递信息最快的沟通形态是（　　）。

A. 链式沟通　　B. 轮式沟通

C. Y 式沟通　　D. 环式沟通

15. 工人每天须生产 100 个零件，废品率低于 1%，这属于控制过程中的（　　）。

A. 确立标准　　B. 衡量绩效

C. 差异分析　　D. 纠正偏差

二、多项选择题（本大题共 5 小题，每小题 2 分，共 10 分。在每小题列出的五个备选项中至少有两个是符合题目要求的，请将其代码填写在题后的括号内。错选、多选、少选或未选均无分。）

16. 应用盈亏平衡分析法，进行企业经营分析时所依据的变量有（　　）。

A. 产品数量　　B. 生产成本

C. 销售利润　　D. 资金

E. 税收

17. 企业的基本战略类型包括（　　）。

A. 一体化战略　　B. 多元化战略

C. 总成本领先战略　　D. 差别化战略

E. 集中战略

18. 下列属于营利性组织的有（　　）。

A. 军队　　B. 工厂

C. 商店　　D. 银行

E. 酒店

19. 推动组织变革的外部动因有（　　）。

A. 经济政策的调整　　B. 市场需求的变化

C. 科技的发展　　D. 竞争观念的改变

E. 全球化的竞争

20. 以下属于口头沟通的有（　　）。

A. 讲座　　B. 信件

C. 讨论会　　D. 演讲

E. 打电话

第Ⅱ部分　非选择题（75 分）

三、判断说明题（本大题共 5 小题，每小题 3 分，共 15 分。判断正确与否，正确的在括号内打√，不需说明理由，错误的在括号内打×，并说明理由。）

21. 一般来说，高层管理者更强调技术技能。（　　）

22. 古典政治经济学的创始人亚当·斯密提出了“分工协作原理”。（　　）

23. 对顾客的责任是企业社会责任的表现之一。（　　）

24. 因人设岗是人员配备的原则。（　　）

25. 领导者的影响力来源于正式权力。（　　）

四、简答题（本大题共 4 小题，每小题 5 分，共 20 分。）

26. 简述泰勒科学管理的主要内容。

27. 简述组织环境的特点。

28. 简述西蒙提出的决策标准及原因。

29. 简述控制的适度性原则。

五、论述题（本题 10 分）

30. 领导是一门艺术，其艺术性表现在多个方面，请结合实例阐述领导的授权艺术。

六、案例分析题（本大题共2小题，每小题15分，共30分。）

31. 某工厂开工不久，就遇到了设备停工率高、废品率高、人工成本高等问题。为了弄清问题的缘由，经理在工厂内开展了调查。调查结果显示：一些业务主管缺少与职责相称的职权，对工作中的问题无法做出及时的决策；一些员工对他们每天的任务不明确，也很少能从上级主管那里获得工作所需的必要信息，有时又会接收到不同领导的不同命令，导致员工无所适从；工厂内部还存在人浮于事的现象。针对这种情况，经理说："我们虽然建立了清晰的组织结构，但出现这些问题说明组织管理还存在不足，需要进一步完善管理。"

问题：

（1）什么是职权？其含义是什么？

（2）请运用组织的相关原则对案例中的调查结果进行分析。

32. 李伟大学毕业后到一家计算机软件公司工作。工作的头三年里，他工作积极，取得了一定的成绩，其收入基本满足了衣、食、住、行的需要，工作和生活方面均获得了保障。由于工作较忙，他很少和朋友联系，有时候会感到较为孤独。最近他作为某项目小组成员，与大家一起奋战三个月，成功地开发了一套系统软件，圆满地完成了公司交办的任务，公司领导对此十分满意，李伟得到了重奖，领到了一笔丰厚的奖金，工作的积极性更高了。不久后的一次同事闲聊中，李伟得知项目其他成员的奖金也基本与他相同，他的心情由此发生了变化，工作的热情受到了很大影响，积极性骤然下降。

问题：

（1）依据需要层次理论对李伟的需要进行分析。

（2）依据公平理论对李伟领取奖金后的表现做出解释。

2017 年 10 月全国高等教育自学考试
管理学原理试卷
参考答案

（课程代码　00054）

一、单项选择题

1. B　2. C　3. A　4. B　5. A　6. C　7. D　8. B
9. B　10. C　11. C　12. D　13. D　14. A　15. A

二、多项选择题

16. ABC　17. CDE　18. BCDE　19. ABCDE　20. ACDE

三、判断说明

（评分参考）考生如有其他回答，观点接近，亦可给分。

21. ×（2 分）　一般来说，高层管理者更强调概念技能。（或一般来说，基层管理者更强调技术技能）（1 分）

22. √（3 分）

23. √（3 分）

24. ×（2 分）　因事择人是人员配备的原则。（1 分）

25. ×（2 分）　领导者的影响力来源于正式权力与非正式权力。（1 分）

四、简答题

【评分参考】考生如有其他回答，观点接近，亦可给分。

26. 答：（1）工作定额原理。

（2）标准化原理。

（3）科学地挑选工人并使之成为“第一流工人”。

（4）实行差别计件工资制。

（5）管理工作专业化原理。

（6）管理控制的例外原理。

注：答对以上任意五点即得5分。

27. 答：（1）客观性。（1分）

（2）复杂性。（1分）

（3）关联性。（1分）

（4）不确定性。（1分）

（5）层次性。（1分）

28. 答：西蒙提出的决策标准为满意标准。（2分）因为以下三个条件不可能完全满足：

（1）获得有关决策的所有信息。（1分）

（2）判断所有信息的价值所在，并据此拟定出所有可能的备选方案。（1分）

（3）准确预测每一种方案在未来的执行结果。（1分）

29. 答：（1）适度性原则指控制的范围、程度和频度恰到好处，防止控制过多或控制不足。（2分）

（2）控制程度适当与否要受到许多因素的影响。判断控制程度或频度是否适当的标准，通常要随活动性质、管理层次以及下属受培训程度等因素而变化。（2分）

（3）组织环境的特点也会影响人们对控制严厉程度的判断。（1分）

五、论述题

30. 答：领导的授权艺术表现在以下几个方面：

（1）因事择人，视能授权。

（2）权责同授，交代明确。

（3）逐级授权，不授权力之外之权。

（4）授权要有度。

（5）授权形式要合理。

（6）授权后要放手。

（7）要掌握有效的控制方法。

【评分参考】以上7点给7分，结合实例给3分。观点接近，可酌情给分。

六、案例分析题

【评分参考】如有其他回答，观点接近，亦可给分。

31. 答：(1) 职权指的是组织设计中赋予某一管理职位的权力。拥有职权的人在职责范围内对相应的事情发布命令并希望命令得到执行。(3 分) 这一概念，包括以下几层含义：

①职权的来源是组织，它是由组织授予的。(1 分)

②职权的基础是职位，获得职权必先获得职位。(1 分)

③职权是以履行职责为前提的，职权的大小取决于职责范围的大小。(2 分)

(2) ①依据集权与分权相结合的原则，工厂存在分权不足，影响管理者积极性的发挥。(2 分)

②依据统一指挥原则，工厂存在着多头领导、令出多门的现象，违反了统一原则的要求。(4 分)

③依据精简高效的原则，工厂存在人浮于事的问题，导致工厂经营成本增加。(2 分)

32. 答：(1) 按照马斯洛的需要层次理论，人的需要可以分为五个层次，即生理需要、安全需要、社交需要，尊重需要和自我实现的需要。(4 分) 李伟工作后的三年中，基本满足了生理需要和安全需要。(2 分) 但是，人都有友谊、忠诚以及归属于某一群体及组织的社交需要，李伟的这一需要没有得到满足，所以感觉到孤独。(2 分)

(2) 依据公平理论，员工不仅考虑收入的绝对值，还要考虑相对值，即对自己的收入付出比和他人的收入付出比进行比较，如果感觉到基本相等则认为是公平状态，否则就产生不公平感，进而影响工作的积极性。(4 分) 李伟领到奖金时很高兴，因为从奖金的绝对值考虑是符合他的预期的，即收入付出比是合理的。但当得知可能自己的收入付出比低于小组其他成员的收入付出此时，他就会感到不公平。(3 分)

2018年4月全国高等教育自学考试 管理学原理模拟试卷

（课程代码　00054）

第Ⅰ部分　选择题（25分）

一、单项选择题（本大题共15小题，每小题1分，共15分。在每小题列出的四个备选项中只有一个是符合题目要求的，请将其代码填写在题后的括号内。错选、多选或未选均无分。）

1. 管理的核心是（　　）。

A. 信息管理　　B. 生产管理

C. 财务管理　　D. 以人为本

2. 提出实行定额管理、差别计件工资制等观点的古典管理理论是（　　）。

A. 科学管理理论　　B. 一般管理理论

C. 行政组织理论　　D. 决策理论

3. 加速电脑更新换代的新技术、新工艺是环境因素中的（　　）。

A. 政治因素　　B. 经济因素

C. 技术因素　　D. 社会因素

4. 企业在获取利润的同时，还应为相关利益群体承担相应的社会责任。这是社会责任的（　　）。

A. 古典观　　B. 社会经济观

C. 科学观　　D. 行为观

5. 通胜公司管理层做出了未来五年公司发展方向和远景的决策。这种决策是（　　）。

A. 业务决策　　B. 战术决策

C. 战略决策　　D. 短期决策

6. 计划要能够保证以最少的成本投入获得最大的收益产出。这是指计划的（　　）。

A. 目的性　　B. 普遍性

C. 适应性　　D. 经济性

7. 工厂、商店、酒店、旅行社等属于（　　）。

A. 营利性组织　　B. 非营利性组织

C. 公共组织　　D. 宗教组织

8. 立达公司的销售部分为东北部、华北部、西北部等部门，这种部门划分的方法是（　　）。

A. 按地区划分　　B. 按产品划分

C. 按职能划分　　D. 按顾客划分

9. "人尽其才"体现了人员配备的（　　）。

A. 因事择人原则　　B. 责权对等原则

C. 因才适用原则　　D. 动态平衡原则

10. 对组织设计、权力分配等方面所进行的变革是（　　）。

A. 人员变革　　B. 结构变革

C. 技术变革　　D. 组织文化变革

11. 依据管理方格理论，"既不关心生产，也不关心职工"的领导方式是（　　）。

A. 中间型　　B. 任务型

C. 贫乏型　　D. 俱乐部型

12. 企业取消了对职工加班加点给予奖酬的规定，加班加点的职工逐渐减少。这属于（　　）。

A. 正强化　　B. 负强化

C. 惩罚　　D. 自然消退

13. 沟通中常用的迎候语、致谢语等体现了沟通的（　　）。

A. 理解原则　　B. 相容原则

C. 尊重原则　　D. 平等原则

14. 讲座、讨论会、交谈属于（　　）。

A. 书面沟通　　B. 口头沟通
C. 电子媒介沟通　　D. 非语言沟通

15. 对职工进行岗前培训属于（　　）。
A. 前馈控制　　B. 现场控制
C. 反馈控制　　D. 同期控制

二、多项选择题（本大题共5小题，每小题2分，共10分。在每小题列出的五个备选项中至少有两个是符合题目要求的，请将其代码填写在题后的括号内。错选、多选、少选或未选均无分。）

16. 按照决策方法的不同，可将决策分为（　　）。
A. 战略决策　　B. 确定型决策
C. 风险型决策　　D. 不确定型决策
E. 战术决策

17. 滚动计划法的特点有（　　）。
A. 分段编制　　B. 便于编制
C. 近细远粗　　D. 静态编制
E. 长、短期计划紧密结合

18. 当代组织变革的新举措有（　　）。
A. 组织结构扁平化　　B. 组织运行柔性化
C. 组织结构垂直化　　D. 组织协作团队化
E. 大企业内部的“小企业化经营”

19. 下列属于双因素理论中“激励因素”的有（　　）。
A. 提升　　B. 安全
C. 地位　　D. 责任感
E. 奖金

20. 从财务角度，预算可以分为（　　）。
A. 零基预算　　B. 收入预算
C. 支出预算　　D. 现金预算
E. 增量预算

第Ⅱ部分　非选择题（75分）

三、判断说明题（本大题共5小题，每小题3分，共15分。判断正确与否，正确的在括号内打√，不需说明理由，错误的在括号内打×，并说明理由。）

21. 有效的管理是效率与效果的结合。（　　）

22. 组织所处的外界环境是客观存在的，组织只能适应而不能改变。（　　）

23. 在组织变革对，渐进式变革比激进式变革更容易成功。（　　）

24. 领导者的影响力仅来源于组织赋予的权力。（　　）

25. 沟通既是信息传递的过程，又是感情交流的过程。（　　）

四、简答题（本大题共4小题，每小题5分，共20分。）

26. 简述法约尔提出的管理五要素。

27. 简述组织设计应遵循的基本原则。

28. 简述授权的概念及原因。

29. 简述控制的内容。

五、论述题（本题 10 分）

30. 联系实际阐述管理者的三项技能。

六、案例分析题（本大题共2小题，每小题15分，共30分。）

31. 新创公司是一家以开发各类管理信息系统为主的企业，公司规模不大，但其主导产品——城市公交车管理信息系统的功能配置合理，取得了不错的市场业绩。为进一步扩大市场，总经理李南经过调查研究后，决定开发新型机场地勤服务管理信息系统，并起草了项目计划，重点阐述了以下内容：（1）提出了新系统功能定位；（2）估算了投资；（3）确定了预期要实现的目标及收益。在公司中高层管理会上讨论后，大家一致认可这个项目，但需要对项目的预期环境、备选方案及预算等方面做出详细的分析，并制订出一套切实可行的计划。

问题：

（1）计划应包括哪些内容？你如何看待李南编制的计划？

（2）你认为新创公司应该如何完善该项目的计划？

32. 某公司经营出现困难，员工收入下降，积极性不高，人才流失较为严重。为解决这一问题，公司马经理决定从公司内部管理着手进行改革。他首先从职工反映问题较大的食堂抓起，与食堂管理人员研究如何提高饭菜质量，并让公司工会建立职工家庭经济情况、健康状况等小档案，定期调阅，实实在在地为职工解决实际困难。与此同时，马经理还进行了人事管理制度的改革，如员工可以自由应聘公司空缺的岗位，每隔两年员工可以调换一次岗位为员工提供更多施展才能的机会，等等。这些措施实行后，马经理赢得了职工的信任，职工的积极性和主动性被逐步调动起来。

问题：

（1）激励的方法有哪些？马经理主要运用了哪些激励方法？请予以说明。

（2）“需要层次理论”提出，人的需要可分为哪些层次？依照该理论，马经理主要解决了员工的哪些需要？

2018年4月全国高等教育自学考试
管理学原理试卷
参考答案

（课程代码　00054）

一、单项选择题

1. D　2. A　3. C　4. B　5. C　6. D　7. A　8. A
9. C　10. B　11. C　12. D　13. C　14. B　15. A

二、多项选择题

16. BCD　17. ACE　18. ABDE　19. ADE　20. BCD

三、判断说明题

21. √（3分）

22. ×（2分）组织既要适应环境，在一定程度上也能影响和改变环境。（1分）

23. ×（2分）渐进式变革与激进式变革各有适应条件，不存在优劣之分。（1分）

24. ×（2分）领导者的影响力来源于组织赋予的权力和领导者的个人的权力。（1分）

25. √（3分）

四、简答题

26. 答：（1）计划。（1分）（2）组织。（1分）（3）指挥。（1分）（4）协调。（1分）（5）控制。（1分）

27. 答：（1）目标统一原则。（2）专业化分工的原则。（3）统一指挥原则。（4）责权对等原则。（5）有效管理幅度原则。（6）集权与分权相结合原则。（7）稳定性与适应性相结合原则。（8）精简高效原则。

【评分参考】答对任意每点给1分。

28. 答：授权是指上层管理人员将适当的权力授予下属，让下属在指定的职责范围内做出决定和支配资源。（1 分）

授权的原因：管理宽度的原因；（1 分）经济、效率的原因；（1 分）知识限制的原因；（1 分）培养管理人才的原因。（1 分）

29. 答：（1）人员控制；（2）时间控制；（3）成本控制；（4）质量控制；（5）库存控制；（6）审计控制。

【评分参考】答对任意每点给 1 分。

五、论述题

30. 答：（1）技术技能，是指使用某一专业领域的程序、技术、知识和方法完成组织任务的能力。（2 分）

（2）人际技能，是指与处理人际关系有关的技能，即理解、激励他人并与他人共事的能力。（2 分）

（3）概念技能，是指纵观全局，洞察企业与环境要素间相互影响和作用的能力。（3 分）

（4）（结合实际展开分析。）（3 分）

六、案例分析题

31. 答：（1）计划的内容包括“5W1H”：

What to do——做什么？即要明确计划工作的具体任务与要求；（1 分）

Why to do it——为什么做？即要明确计划工作的宗旨、目标和战略；（1 分

When to do it——何时做？即规定计划中各项工作开始和完成的时间；（1 分）

here to do it——何地做？即规定计划的实施地点或场所；（1 分）

Who to do it——谁去做？即规定计划的责任人；（1 分）

How to do it——怎样做？制定实施计划的措施、改策等。（1 分）

李南编制的计划在内容上不够全面程序上不够完善。（3 分）

（2）新创公司应该从以下几方面完善计划：

①完善计划的内容，主要包括“5W1H”。（3 分）

②按照计划制定程序，从评估机会、确定目标、确定前提条件、拟定可供选择的方案，评价备选方案、择方案、拟定辅助计划、编制预算等方面制定出较为详细的计划。（3 分）

32. 答：(1) 激励的基本方法包括：物质利益激励、目标激励、任务激励、榜样激励、培训激励、荣誉激励、组织激励、制度激励、环境激励、危机激励、信息激励等。(3 分) 马经理主要运用了物质利益激励和任务激励两种激励方法。(2 分) 物质利益激励体现在“提高饭菜质量”“让公司工会建立职工家庭经济情况、健康状况等小档案，并定期调阅，实实在在地为职工解决实际困难”等措施方面；而“员工可以自由应聘公司空的岗位，每隔两年员工可以调换一次岗位”则属于任务激励。(3 分)

(2) 需要层次理论认为人的需要可分为：生理需要、安全需要、社交需要、尊重需要、自我实现需要五个层次。(5 分) 马经理的物质利益激励满足了员工生理、安全的需要；任务激励满足了员工自我实现的需要。(2 分)

2018年10月全国高等教育自学考试
管理学原理模拟试卷

（课程代码　00054）

第Ⅰ部分　选择题（25分）

一、单项选择题（本大题共15小题，每小题1分，共15分。在每小题列出的四个备选项中只有一个是符合题目要求的，请将其代码填写在题后的括号内。错选、多选或未选均无分。）

1．某汽车公司生产车间工作小组的主管人员是（　　）。

A. 基层管理者　　B. 中层管理者

C. 高层管理者　　D. 综合管理者

2. 科学管理理论认为必须通过工时和动作研究制定出工人的“合理的日工作量”，这是下列哪个原理的内容？（　　）。

A. 标准化原理　　B. 职能管理原理

C. 工作定额原理　　D. 例外原理

3. “成为最优秀的商用计算机和商用计算机服务器的供应商”，该表述体现的企业文化是（　　）。

A. 企业精神　　B. 企业使命

C. 企业道德　　D. 企业制度

4. 管理道德规范必然随着管理的变化和发展而不断改变自己的内容和形式，这体现了管理道德的（　　）。

A. 普遍性　　B. 特殊性

C. 变动性　　D. 社会教化性

5. 提出决策“满意标准”的学者是（　　）。

A. 泰勒　　B. 韦伯

C. 西蒙　　D. 马斯洛

6. 在下列计划的表现形式中，哪一种是针对反复出现的业务而制定的？（　　）。

A. 目标　　B. 程序

C. 规划　　D. 预算

7. 天华公司计划在明年一年内实现销售收入 170 万元，利润率达到 3.5%，这种计划类型属于（　　）。

A. 短期计划　　B. 中期计划

C. 长期计划　　D. 战略计划

8. 宏达机械公司是一家以机床制造和销售为主营业务的企业，目前，公司设有设计部、工艺部、生产部、销售部、财务部、人事部等部门。该公司部门划分采取的是（　　）。

A. 职能部门化　　B. 产品部门化

C. 区域部门化　　D. 工艺部门化

9. 矩阵制组织结构的主要缺点是（　　）。

A. 不利于相互协调　　B. 多头领导导致下属无所适从

C. 不利于培养人才　　D. 不利于新项目开发

10. 根据岗位要求选拔具备相应知识与能力的人员，这体现了人员配备中的哪个原则？（　　）

A. 因事择人　　B. 因才适用

C. 动态平衡　　D. 因人择事

11. 下列不属于组织变革过程的是（　　）。

A. 解冻　　B. 变革

C. 再冻结　　D. 融化

12. 领导方式应针对领导者、被领导者及其环境的不同而有所变化，这是下列哪种理论的基本观点？（　　）。

A. 领导特质理论　　B. 人性假设理论

C. 领导方式理论　　D. 领导权变理论

13. 小李和小张任职于公司同一部门，工作业绩相同。去年小李得到 5 000 元的年终奖金，他非常高兴。无意间小李得知小张的年终奖却是8 000元。刹那间小李由之前的高兴转为疑惑和不满，进而影响工作态度。这种现象可以用下列哪种理论解释？（　　）。

A. 期望理论　　B. 公平理论

C. 归因理论　　D. 强化理论

14. 如果一个信息在高层管理者那里的正确性是100%，经过五级传递，到了信息接收者手里可能只剩下20%的正确性。这种信息沟通中的障碍来源于（　　）。

A. 信息过量　　B. 组织文化

C. 社会环境　　D. 组织结构

15. 控制的范围、程度和频度应该恰到好处，防止控制过多或控制不足，这反映了控制的哪项原则？（　　）

A. 及时原则　　B. 适度原则

C. 重点原则　　D. 弹性原则

二、多项选择题（本大题共5小题，每小题2分，共10分。在每小题列出的五个备选项中至少有两个是符合题目要求的，请将其代码填写在题后的括号内。错选、多选、少选或未选均无分。）

16. 常用的不确定性决策方法包括（　　）。

A. 悲观决策法　　B. 乐观决策法

C. 折中决策法　　D. 最小最大后悔值法

E. 同等概率法

17. 计划的方法与技术包括（　　）。

A. 目标管理　　B. 名义群体法

C. 甘特图　　D. 盈亏平衡法

E. 滚动计划法

18. 组织变革可以是某一方面的改变，也可以是全方位的变化。总的来看，组织变革的内容包括（　　）。

A. 人员变革　　B. 结构变革

C. 技术变革　　D. 组织文化变革

E. 环境变革

19. 在领导生命周期理论中，领导方式的类型包括（　　）。

A. 放任型　　B. 命令型

C. 说服型　　D. 参与型

E. 授权型

20. 组织中最普遍使用的语言沟通方式有（　　）。

A. 口头沟通　　B. 书面沟通

C. 电子媒介沟通　　D. 空间距离

E. 身体动作

第Ⅱ部分　非选择题（75 分）

三、判断说明题（本大题共 5 小题，每小题 3 分，共 15 分。判断正确与否，正确的在括号内打√，不需说明理由，错误的在括号内打×，并说明理由。）

21.“法约尔跳板”是一种把等级制度与横向信息沟通结合起来的“跳板”。（　　）

23. 技术环境属于企业的具体环境。（　　）

23. 目标管理的基本精神是以自我管理为中心。（　　）

24. 在组织规模给定的情况下，管理层次与管理幅度之间存在正比关系。（　　）

25. 根据赫茨伯格的双因素理论，工资属于激励因素。（　　）

四、简答题（本大题共4小题，每小题5分，共20分。）

26. 怎样理解管理的概念？

27. 简述组织设计的影响因素有哪些。

28. 简述勒温的三种基本领导风格。

29. 简述沟通的原则。

五、论述题（本题10分。）

30. 论述决策的影响因素。

六、案例分析题（本大题共2小题，每小题15分，共30分。）

31. 案例：

食品安全问题一直是社会管理的热点问题。2004年5月，某市上百名儿童因食用了劣质奶粉，出现了营养不良综合征，相继住进了医院，其中，13名儿童出现并发症不治身亡。该事件发生后，一些省市也先后查出了类似的劣质奶粉。相关部门对该事件展开了详细调查，严肃地处理了事件责任人。类似的事件还有一些，如相继发现的假酒、假药、毒米、毒菜等问题，可以看到，假冒伪劣商品就在我们身边。

针对这种情况，仅仅依靠行政、法律等强制性约束措施还难以消除企业生产假冒伪劣商品的行为。必须强化媒体和社会监督机构的有效监督，更需要企业增强管理道德和社会责任意识，加强自律，从根本上消除假冒伪劣商品存在的土壤，保障人民生活安全。

问题：

（1）什么是企业的社会责任？社会责任的具体表现是什么？

（2）结合案例，谈谈你对企业社会责任的看法。

32. 案例：

李宏今年四十岁。回首这十几年的奋斗历程，他很为自己早年艰苦而又自强不息的日子感叹。当初，李宏没有稳定的工作便组建家庭，妻子也还在待业之中，二人仅有父母留下的一栋破旧的平房，常常为生计发愁。后来，李宏在某企业找到了一份固定的工作，由于工作积极努力，表现突出，很快被提拔为工段长，不久又升任车间主任。两年前，李宏被任命为公司的生产部经理，工资收入相当可观，他为自己取得的成绩感到骄傲和自豪。

由于市场竞争的不断加剧，李宏所在的公司又缺乏应有的竞争力，致使效益出现下滑。作为生产部经理，李宏近期进行了深入的市场调研，对生产、销售状况做了详细的分析，并在此基础上提出了一些切实可行的方案，如变革现行的组织方式，使各职能部门能统筹考虑产品的生产、销售及研发等，增强企业的活力和创新能力，通过开发新产品提高企业的竞争力。但所有这些均没有得到公司领导的认可，这极大地影响了他的工作积极性。李宏开始认为自己在公司已经不被重视，在考虑是否应该“跳槽”。

问题：

（1）什么是需要层次理论？请运用该理论对李宏的个人需要进行分析。

（2）作为管理者，你认为应如何对李宏进行激励？

2018 年 10 月全国高等教育自学考试
管理学原理试卷
参考答案

（课程代码　00054）

一、单项选择题

1. A　2. C　3. B　4. C　5. C　6. B　7. A　8. A
9. B　10. A　11. D　12. D　13. B　14. D　15. B

二、多项选择题

16. ABCDE　17. ACE　18. ABCD　19. BCDE　20. ABC

三、判断说明题

21. √（3 分）

22. ×（2 分）　技术环境属于企业的一般环境。（1 分）

23. √（3 分）

24. ×（2 分）　在组织规模给定的情况下，管理层次与管理幅度之间存在反比关系。（1 分）

25. ×（2 分）　根据赫茨伯格的双因素理论，工资属于保健因素。（1 分）

四、简答题

26. 答：（1）管理是对组织的管理，组织是管理的载体（1 分）

（2）管理是一项有目的的活动，即为了实现组织的目标。（1 分）

（3）管理是由一系列活动构成的。（1 分）

（4）管理是一种追求有效的过程（1 分）

（5）管理的性质是协调。（1 分）

27. 答：环境、战略 、技术、规模、发展阶段。（各 1 分）

28. 答：独裁式领导（2 分）、民主式领导（2 分）、放任式领导。（2 分）

29. 答：尊重原则（2 分）、相容原则（2 分）、理解原则（1 分）

五、论述题

30. 答：(1) 环境因素：

环境因素影响组织决策的频率、内容等。(2 分)

(2) 组织文化：

组织文化影响组织及其成员的行为和行为方式。(2 分)

(3) 决策者的个人因素：

决策者的个人因素的能力、经验、个性习惯等影响决策的过程和结果。(2 分)

(4) 时间：

时间的约束性也会影响决策过程。(2 分)

(5) 过去的决策：

现在的决策问题大多建立在过去决策的基础上，因此过去决策总会影响现在的决策。(2 分)

31. 答：(1) 企业社会责任是各企业在创造利润、对股东负责的同时，还要承担对员工、消费者、社会和环境的社会责任。(3 分)

社会责任具体表现在对雇员的责任、对顾客的责任、对竞争对手的责任、对环境的责任和对社会发展的责任。(5 分)

(2) 从案例中可以看出，企业必须承担社会责任，特别是对顾客的责任，必须为顾客提供安全的食品、正确的产品信息、售后服务、必要的指导以及赋予顾客自主选择的权利（4 分）

企业承担社会责任，短期内无疑会增加经营成本而降低其竞争力，但长期来看，企业必将通过承担社会责任，树立良好的公众形象，建立高度的社会公众信任感，吸引更多的消费者群体，从而使企业拥有很好的发展环境，获取一种新的竞争力。(3 分)

32. 答：(1) 马斯洛认为人类的多种需要分为五个层次。

从低到高依次为生理需要、安全需要、社交需要、尊重需要和自我实现的需要。(4 分)

根据马斯洛的需要层次理论，李宏早期主导需要更多表现为生理需要、安全需要，当这两种需要基本满足后，他的需要更多表现为尊重需要和自我实现的需要。(4 分)

（2）从案例中可知，生产部经理的李宏收入可观，基本生存需要得到了满足。目前，他更多地把注意力放在工作上，表明李宏的尊重需要和自我实现的需要较为强烈，管理者可以通过工作认可、成绩肯定、授予更多责任、赋予更具挑战性的工作和发展机会有情方式来激励他，从而最大限度地发挥李宏的才干。（7分）

2019年4月全国高等教育自学考试
管理学原理模拟试卷

（课程代码 00054）

第Ⅰ部分 选择题（25分）

一、单项选择题（本大题共15小题，每小题1分，共15分。在每小题列出的备选项中只有一项是最符合题目要求的，请将其选出。）

1. 生产车间的班组长、医院内科的护士长属于组织的（ ）。

A. 高层管理者　　B. 中层管理者

C. 基层管理者　　D. 综合管理者

2. 提出“经济人”观点的是（ ）。

A. 亚当·斯密　　B. 梅奥

C. 西蒙　　D. 亨利·法约尔

3. 我国提出的“一带一路”倡议为企业创造了新的机遇。对企业而言，这一倡议属于外部环境因素中的（ ）。

A. 政治因素　　B. 经济因素

C. 社会因素　　D. 技术因素

4. 管理道德会随着管理的变化和发展而不断改变自己的内容和形式。这反映了管理道德的（ ）。

A. 普遍性　　B. 特殊性

C. 非强制性　　D. 典型试验

5. 从各种可供选择的方案中，权衡利弊，选择其一。这是决策程序中的（ ）。

A. 确定目标　　B. 拟定可行方案
C. 方案选优　　D. 典型试验

6. 指明组织机构在社会上应起的作用和所处的地位的计划类型是（　　）。
A. 战略　　B. 程序
C. 规则　　D. 宗旨

7. 在组织规模一定的条件下，管理层次与管理幅度是（　　）。
A. 正比关系　　B. 反比关系
C. 同比关系　　D. 无关系

8. 职能部门对业务部门所拥有的职权是（　　）。
A. 直线权　　B. 职能权
C. 个人影响权　　D. 参谋权

9. “人尽其才，物尽其用”。这体现了人员配备的（　　）。
A. 因事择人原则　　B. 因才适用原则
C. 动态平衡原则　　D. 专业化分工原则

10. 在组织变革中，权力与利益等资源在组织成员之间的重新分配属于（　　）。
A. 人事变革　　B. 技术变革
C. 变革　　D. 文化变革

11. 拥有较多专门知识和特殊技能的领导往往会赢得人们的尊敬，并产生一定的影响力。这种影响力源于（　　）。
A. 法定权　　B. 奖赏权
C. 强制权　　D. 专长权

12. 激励过程的起点是（　　）。
A. 需要　　B. 动机
C. 行为　　D. 目标

13. 按照双因素理论，以下属于激励因素的（　　）。
A. 监督方式　　B. 工作条件
C. 工作成就　　D. 安全

14. 企业设置员工意见箱、信访日等属于（　　）。
A. 下行沟通　　B. 上行沟通
C. 平行沟通　　D. 斜向沟通

15. 为了生产出高质量的产品而对原材料进行入库检查。这种控制属于（　　）。

A. 反馈控制　　B. 现场控制
C. 前馈控制　　D. 直接控制

二、多项选择题（本大题共5小题，每小题2分。在每小题列出的备选项中至少有两项是符合题目要求的，请将其选出，错选、多选或少选均无分。）

16. 影响决策的因素主要有（　　）。

A. 环境因素　　B. 组织文化
C. 决策者的个人因素　　D. 时间因素
E. 过去的决策

17. 计划工作的主要原理有（　　）。

A. 限定因素原理　　B. 许诺原理
C. 稳定性原理　　D. 灵活性原理
E. 改变航道原理

18. 部门划分的标准有（　　）。

A. 职能　　B. 产品
C. 地区　　D. 顾客
E. 流程

19. 沟通网络的形态包括（　　）。

A. 链式沟通　　B. 轮式沟通
C. Y式沟通　　D. 环式沟通
E. 全通道式沟通

20. 控制的过程包括（　　）。

A. 确立标准　　B. 信息采集
C. 衡量绩效　　D. 纠正偏差
E. 及时反馈

第Ⅱ部分　非选择题（75分）

三、判断说明题（本大题共5小题，每小题3分，共15分。判断正确与否，正确的在“答题卡”的试题序号后打√，不需要说明理由，错误的在“答题卡”的试题序号后打×，并说蹟理由。）

21. 管理的实质是协调。（　）

22. 管理者制定目标、员工执行目标就是目标管理。（　）

23. 组织的扁平结构属于集权型结构。（　）

24. 激励就是调动人的积极性的过程。（　）

25. 马斯洛认为人类最原始的需要是安全需要。（　）

四、简答题（本大题共4小题，每小题5分，共20分。）

26. 简述管理者应具备的三项技能。

27. 简述组织文化的功能。

28. 简述决策的原则。

29. 简述全面质量管理的特点。

五、论述题（本题10分。）

30. 结合实际论述培育管理道德的途径。

六、案例分析题（本大题共2小题，每小题15分，共30分。）

1. 为适应企业发展的需要，某企业从社会上公开招聘了一名车间主任和几名技术人员。新车间主任到任后，虽然技术过硬，但沟通能力不强，工作方法简单，一直未能得到下属员工的认同，并由此导致车间工作效率下降，员工积极性不高，最终不得不辞职。此后，企业又从外部选聘了一位车间主任，但由于种种原因，也难以适应企业的需要。面对这种情况，该企业进行了认真的分析，发现一方面是企业对应聘者缺乏深入的了解，另一方是应聘者本身也“水土不服”。为此，企业决定从现有的优秀班组长及技术人员中挑选车间主任。通过这件事，企业逐步建立起了一套内部选拔机制，极大地调动了员工的积板性。

问题：

（1）该企业采用了哪些招聘方式？简述这些招聘方式的含义。

（2）车间主任外聘为什么没成功？谈谈你的看法。

2. 公司营销部李经理任现职已有五年，经验丰富，能力突出，责任心强，在工作中能独当一面，部门业绩斐然。李经理是公司王总经理一手提的，两人关系一向密切。王总经理对李经理非常关心，在工作中也是事无巨细，不断的叮嘱，有时甚至越俎代庖。对于王总经理的这种做法，李经理一方面心怀感激，另一方面也觉得工作中的束缚和干预太多，这在很大程度上影响了自己能力的发挥。

问题：

（1）简述领导生命周期理论的基本观点。

（2）请用领导生命周期理论分析王总经理对李经理应当采取的领导方式，并说明原因。

2019 年 4 月全国高等教育自学考试
管理学原理试卷
参考答案

（课程代码　00054）

一、单项选择题

1. C　2. A　3. A　4. D　5. C　6. D　7. B　8. D
9. B　10. A　11. D　12. A　13. C　14. B　15. C

二、多项选择题

16. ABCDE　17. ABDE　18. ABCDE　19. ABCDE　20. ACD

三、判断说明题

21. √（3 分）

22. ×（2 分）　目标管理就是由组织的员工参与制定具体的、可行的且能够客观衡量处置的目标。在工作中进行自工控制，努力实现工作目标。（1 分）

23. ×（2 分）　扁平结构是指管理层次少而管理幅度大的一种组织结构形态，属于分权型组织。（1 分）

24. √（3 分）

25. ×（2 分）生理需要是人类最原始的需要。（1 分）

四、简答题

26. 答：（1）技术技能。（2 分）

（2）人际技能。（2 分）

（3）概念技能。（1 分）

27. 答：（1）导向功能。（1 分）

（2）凝聚功能。（1 分）

（3）激励功能。（1 分）

（4）调适功能。(1 分)

（5）辐射功能。(1 分)

28. 答：（1）信息原则。

（2）预测原则。

（3）可靠性原则。

（4）系统原则。

（5）对比择优原则。

（6）反馈原则。

【评分参考】每点 1 分，答对其中 5 点即给 5 分。

29. 答：（1）管理的对象是全面的。(2 分)

（2）质量管理的过程和范围是全面的。(1 分)

（3）参加质量管理的人员是全面的。(1 分)

（4）管理质量的方法是全面的。(1 分)

五、论述题

30. 答：管理道德是从事管理工作的管理者的行为准则与规范的总和，是特殊的职业道德规范，是对管理者提出的道德要求。(2 分)

培育管理道德的途径主要包括：

（1）挑选高道德素质的管理者。(1 分)

（2）做好管理道德的教育工作。(1 分)

（3）提炼规范管理道德准则。(1 分)

（4）将管理道德行为列入岗位考核内容。(1 分)

（5）提供正式的保护机制。(1 分)

【评分参考】能结合实际论述，可酌情给 1~3 分。其他合理答案亦可酌情给分。

六、案例分析题

31. 答：（1）该企业采用的招聘方式有外部招聘和内部提升两种。(2 分)

外部招聘是根据组织制定的标准和程序从组织外部选拔符合空缺职位要求的管理人员。(2 分)

内部提升是从内部员工中提拔合适人选来填补符合空缺职位要求的管理人

员。（2 分）

（2）不成功的原因：

①被聘者进入角色慢，缺乏人事基础。（3 分）

②对求职者无法深入了解。（2 分）

③影响内部员工的工作积极性。（2 分）

【评分参考】结合案例适当展开再酌情给 1~2 分。其他合理答案亦可酌情给分。

32. 答：（1）领导生命周期理论把下属的成熟度作为一个重要的情境变量，认为领导的有效性是由工作行为、关系行为和下属的成熟程度这三个因素决定的。成熟度指职工对成就的要求、承担责任的意愿、工作的熟练程度和自我控制能力。随着下属由不成熟走向成熟，领导方式也相应改变，形成了领导的生命周期，即"高工作—低关系、高工作—高关系、低工作—高关系、低工作—低关系"这样一个周期，相应的领导方式就是四个基本形式，即命令型—说服型—参考型—授权型。（7 分）

（2）王总经理对李经理应当采取授权型的领导方式，即低工作、低关系。（3 分）它适用于高度成熟的下属。这种下属具有承担工作的能力、愿望和自信心，所以，领导者只需起监督作用，赋予下属权力，让他们自行决定如何工作即可。（2 分）

从案例可知，李经理经验丰富，能力突出，责任心强，有能力，有愿望在工作中独当一面，所以，王总经理对他应该采取授权型领导。（3 分）

【评分参考】其他合理答案亦可酌情给分。